HÄUSER FÜR FAMILIEN | WOHNEN MIT KINDERN

SANDRA HOFMEISTER

HÄUSER FÜR FAMILIEN
WOHNEN MIT KINDERN
DIE BESTEN DER BESTEN

Deutsche Verlags-Anstalt

INHALT

7 Vorwort

8 Häuser für Familien

marte.marte Architekten
14 **MÄDCHENTURM**
Erweiterung eines Einfamilienhauses in Dafins/Vorarlberg (Österreich)
1. PREIS

seidl kern Architekten
24 **EINE ART FAMILIENTREFFEN**
Hofhaus in Fahrenzhausen bei München
2. PREIS

Bottega + Ehrhardt Architekten
32 **POLYGONALES RAUMWUNDER**
Haus K2 in Stuttgart
3. PREIS

F64 Architekten
40 **FLEXIBLE WOHNKONSTELLATION**
Haus L15 in Kempten
AUSZEICHNUNG

pasel.künzel architects
48 **HAUS FÜR ELTERN UND FÜR KINDER**
Familiendomizil in Leiden (Niederlande)
AUSZEICHNUNG

AMUNT Architekten Martenson und Nagel Theissen
54 **NEU ENTDECKTE QUALITÄTEN**
Umbau und Sanierung eines Siedlungshauses in Aachen

baurmann.dürr architekten
60 **SONNIGES FAMILIENREICH**
Umbau und Sanierung eines 1960er-Jahre-Hauses in Karlsruhe

Biehler Weith Associated
68 BETONUFO IM GRÜNEN
Villa am Bodensee (Schweiz)

BUB architekten
76 TRADITIONSREICHES FAMILIENLOFT
Sanierung eines Fachhallenhauses in Hamburg

Caramel architekten
82 SCHWUNG FÜR DEN ALLTAG
Familiendomizil in Wien

Clarke und Kuhn Freie Architekten
90 STADTVILLA FÜR ZWEI FAMILIEN
Niedrigenergiehaus in Berlin-Steglitz

Georg Döring Architekten BDA
96 VORNEHME TRANSPARENZ
Familiendomizil in Düsseldorf

Haller Plattner Architekten
102 ALPINE WOHNLANDSCHAFT
Holzschindelhaus in Mellau/Bregenzerwald (Österreich)

harter + kanzler Architekten
110 SCHWEBENDE HOLZSCHATULLE
Einfamilienhaus im Schwarzwald

Laura Jahnke Architekten
116 LEBENDIGER FARBKOSMOS
Satteldachhaus im Hamburg-Duvenstedt

k_m architektur
120 SONNENDECK IM OBSTGARTEN
Familiendomizil in Langenargen/Bodensee

Mahlknecht Comploi Architekten
128 KLARE AUSSICHTEN
Haus D im Grödnertal/Südtirol (Italien)

Florian Nagler Architekten
136 OPTIMALE ERGÄNZUNG
Um- und Anbau in Langenargen/Bodensee

Wacker Zeiger Architekten
144 FEIN PROPORTIONIERTE WOHNSKULPTUR
Holzhaus in Reinbek bei Hamburg

Helena Weber
152 SORGFÄLTIGE LEBENSPLANUNG
Haus HF in Alberschwende/Bregenzerwald (Österreich)

158 Architektenverzeichnis und Bildnachweis

Die Jurymitglieder:

Laura Fogarasi-Ludloff, Architektin, Berlin; Thomas Kaczmarek, Geschäftsführer InformationsZentrum Beton; Thomas Penningh, Präsident Verband Privater Bauherren (VPB); Heiner Farwick, Vizepräsident Bund Deutscher Architekten (BDA); Stephan Schäfer, Chefredakteur HÄUSER

LIEBE LESERIN, LIEBER LESER,

man könnte durchaus den Eindruck gewinnen, beim HÄUSER-Award 2013 sei etwas schiefgegangen. Schließlich hatten wir das beste Familienhaus gesucht, eines, das dem Zusammenleben von Eltern und Kindern einen attraktiveren Rahmen bietet als konventionelle Bauträgergrundrisse von der Stange. So stand es jedenfalls in der Ausschreibung.
Und nun der erste Preis: ein Bau ohne Raum für die Eltern, lediglich bestehend aus drei übereinandergestapelten Zimmern für die drei ältesten von fünf Töchtern; streng genommen also gar kein Familienhaus, sondern ein Mädchenturm. Allerdings handelt es sich bei diesem Turm des Architekturbüros marte.marte um einen Anbau an ein Familienhaus – und wie wunderbar damit Raum für die Kinder geschaffen wurde, hat die Jury einhellig begeistert. Insofern ist tatsächlich gar nichts schiefgegangen. Stattdessen fanden wir die überraschende Lösung gleichermaßen sinnvoll, gestalterisch überzeugend und in ihrer Ungewöhnlichkeit repräsentativ dafür, was ein gutes Familienhaus sein sollte: eine exakt auf die Bedürfnisse und das Budget der Familie zugeschnittene Maßanfertigung.

Weil man so etwas auf dem Wohnungsmarkt kaum findet, sind Familien besser beraten, mit einem Architekten zu planen und zu bauen. Die Auswahl der Häuser in diesem Band entspricht der Endrunde des HÄUSER-Award und zeigt in ihrer Vielfältigkeit vor allem, dass nichts unmöglich ist. Es gibt Entwürfe für die Klein- oder Großfamilie, für Mehrgenerationenmodelle und für die Verbindung von Wohnen und Arbeiten. Und: Die Zukunft ist eingeplant, denn so unterschiedlich die Familienstrukturen sind, so ähnlich sind sie sich in diesem Punkt – sie sind nicht von Dauer. Schließlich werden Kinder groß und ziehen eines nicht so fernen Tages aus; dafür ziehen Eltern womöglich irgendwann bei ihren erwachsenen Kindern ein.

Ideale Häuser sind so individuell wie die Erwartungen, Ansprüche und Lebensmodelle ihrer Bewohner. Wir sind deshalb stolz, Ihnen hier kompakte und preiswerte Lösungen für schmale Stadtareale ebenso präsentieren zu können wie großzügige Landhäuser. Bodenständige Holzarchitektur steht dabei neben aufregenden Hausskulpturen, Klassisch-Modernes neben Ingeniös-Kühnem. Und an der Spitze eben ein Turm.

Viel Freude mit diesem Buch wünscht Ihnen

Ihre HÄUSER Redaktion

HÄUSER FÜR FAMILIEN
Sandra Hofmeister

Viele Begriffe sind selbsterklärend, auch der des »Einfamilienhauses«. Trotzdem bleibt die Frage, aus welchen und wie vielen Personen eine Familie besteht, nicht unerheblich. Ist ein kinderloses Ehepaar eine Familie? Zählen Tanten und Neffen oder Kindermädchen zur Familie? Was ist mit alleinerziehenden Eltern, was mit Lebenspartnerschaften und was mit den guten Freunden der Familie, die als Dauergäste im Haus wohnen? Das deutsche Bürgerliche Gesetzbuch zumindest hat eine klare Definition. Unter dem Begriff der Familie wird demnach die Gesamtheit der durch Ehe oder Verwandtschaft verbundenen Personen verstanden. Doch das allgemeine Verständnis von Familie geht über diese juristische Beschreibung hinaus. Schon die lateinische Wurzel des Wortes bedeutet soviel wie »Hausgemeinschaft«. Allerdings war mit der familia in der Antike der Hausstand des pater familias gemeint. Nicht die Verwandtschafts-, sondern die Herrschaftsbeziehungen waren dabei entscheidend.

Heute gelten Familien gemeinhin als mehr oder weniger stabile Lebensgemeinschaften. Einfamilienhäuser stellen diesen Gemeinschaften einen sozialen Raum zur Verfügung, sie organisieren und strukturieren den Alltag, garantieren einzelnen Familienmitgliedern Handlungsfähigkeit und geben nicht nur den Kindern ein Zuhause. Deshalb ist für die Architektur und für die Planung von Familienhäusern ausschlaggebend, wie diese Familien beschaffen sind und welche Bedürfnisse ihre Mitglieder haben. Letztlich ist jedes Einfamilienhaus ein individueller Lebensentwurf der Bauherren. Aus diesem Grund sollten sich diese schon vor der Planung ein konkretes Bild ihrer Lebensplanung machen und einen Blick sowohl auf die Gegenwart als auch auf die Zukunft des Familienalltags werfen.

LEBENS- UND HAUSPLANUNG

Genau an diesem Punkt jedoch wird es schwierig: bei der langfristigen Planung des Lebens und der Familienkonstellationen. Ein Haus für alle, für Groß und Klein, Alt und Jung, Freunde und Verwandte, ist in den Augen vieler Bauherren ein ideales Familiendomizil. Doch die Bedürfnisse der Familienmitglieder ändern sich. Kinder zum Beispiel werden erwachsen. Das Familienleben bleibt also im Wandel. Was aber geschieht mit den Kinderzimmern, wenn der Nachwuchs auszieht und seine eigenen Wege geht? Was ist, wenn die Großeltern mit ins Haus ziehen wollen? Wenn eine Lebensgemeinschaft, die eigentlich für ewig geschlossen wurde, unerwartet auseinanderbricht? Es gibt viele Unwägbarkeiten für Familiengemeinschaften und ebenso viele Faktoren, welche die Nutzung von Häusern erheblich beeinflussen.

Sicherlich können bei der Planung des Familienwohnsitzes nicht sämtliche Eventualitäten und alle erdenklichen Zukunftsszenarien berücksichtigt werden. Damit sich jedoch das neue Heim auch nach zehn oder zwanzig Jahren noch als Traumhaus erweist, darf die Zukunft nicht ganz aus dem Blickfeld der Bauherren rücken. Schon die Frage der Finanzierung wirkt sich in der Regel auf kommende Lebensphasen aus. Ebenso sollte die Lage des Grundstücks sorgfältig und auf lange Sicht bedacht werden. So ist der Wunsch nach einem Garten nicht selten recht groß, gerade wenn die Kinder klein sind. Doch ist die Kindheit nur ein vorübergehendes Lebensstadium. Jugendliche setzen gern ihre eigenen Prioritäten, und der Garten steht dabei nicht unbedingt an erster Stelle. Rückzugsmöglichkeiten oder Nahverkehrsanschlüsse, die auch ohne Führerschein mehr Bewegungs- und Handlungsfreiheit sicherstellen, sind je nach Alter mal weniger wichtig und mal entscheidend. Insgesamt ist der Lebenszyklus von Häusern deutlich länger als der Zeitraum einzelner Lebensphasen der Bewohner, er überdauert meist sogar mehrere Generationen. Deshalb besteht die Herausforderung für die Architektur von Einfamilienhäusern darin, auf alle Lebensetappen eine Antwort zu finden und sie unter einem Dach zu ermöglichen.

NUTZUNGSOPTIONEN UND WOHNQUALITÄTEN

Es gibt die unterschiedlichsten Grundrisskonzepte, die mit ausgeklügelten Nutzungsmöglichkeiten auf Fragen der Lebensplanung eingehen und Strukturen vorschlagen, die vielseitig und wandelbar sind. Lässt sich die Wohnfläche des Hauses bei Bedarf eventuell durch Anbauten erweitern? Oder ist sie so großzügig bemessen, dass eher an eine Reduzierung zu denken ist? In manchen Häusern können einzelne Bereiche als eigenständige Wohneinheiten mit separatem Eingang abgetrennt werden. Sobald die Kernfamilie schrumpft, beispielsweise weil die Kinder nicht mehr zu Hause wohnen, kann diese Option vielversprechend sein. Ferner lassen Raumeinteilungen mit Leichtbauwänden verschiedene Zukunftsoptionen zu. Sie können ohne großen Aufwand an neue Lebenssituationen angepasst werden und unterschiedliche Grundrissvarianten umsetzen.

Abgesehen von wechselnden Familienkonstellationen müssen Häuser dem Lebensstil ihrer Bewohner gerecht werden. Die Architektur muss deren Neigungen und Wünsche möglichst genau berücksichtigen und dabei individuelle sowie gemeinschaftlich genutzte Räume aufeinander abstimmen. Viele Familien einigen sich auf zentrale Gemeinschaftszonen, denen auch in Bezug auf den Flächenanteil eine herausragende Rolle zukommt. Gemeinschaftsflächen bilden den belebten Mittelpunkt des Hauses, in dem sich die Familie zum Kochen und Essen, Spielen und Wohnen trifft. Sorgfältig geplante Grundrisskonzepte können den familiären Gemeinschaftssinn sogar fördern, indem sie dem zentralen Wohnbereich nicht nur Fläche, sondern auch besondere räumliche Qualitäten zuordnen. Vorab allerdings sollte geklärt sein, welche zusätzlichen Rückzugsmöglichkeiten für die einzelnen Familienmitglieder erwünscht sind und wie wichtig diese sind. Denn je nachdem, welche Prioritäten man setzt, können private Zimmer kleine Schlafkabinen oder großzügige eigene Wohnbereiche sein. Ferner lassen sich die Gemeinschaftsflächen auch räumlich entzerren. Galerien beispielsweise, die in Rufweite zu den Hauptzonen liegen und trotzdem nicht unmittelbar Teil von ihnen sind, bieten sich als ungestörte Spielbereiche für Kinder an. Ebenso können Verkehrsflächen mit eigener Aufenthaltsqualität vielseitig genutzt werden. Ein heller Flur etwa verwandelt sich je nach Bedarf in eine freundliche Spielzone für Kinder oder aber in einen Bürobereich für die Eltern. Da sich die Bedürfnisse von einzelnen Familienmitgliedern nicht nur längerfristig, sondern sogar täglich und spontan ändern können, kommt den Konzepten zur mehrfachen Nutzung von Räumen eine Schlüsselrolle zu. Darüber haben viele Häuser Gärten, die das Wohnzimmer im Sommer nach draußen erweitern und Eltern wie Kindern zusätzlichen Freiraum geben.

LANGLEBIGE UND ROBUSTE MATERIALIEN

Kinder erkunden den Alltag gern mit stürmischem Temperament und fordern nicht nur Räumen, sondern auch Oberflächen wie Böden und Wänden ein hohes Maß an Strapazierfähigkeit ab. Wer trotzdem sensible und pflegeintensive Materialien bevorzugt, der wird sich zumindest in bestimmten Lebensphasen darauf einlassen müssen, regelmäßig Reparaturen und Nachbesserungen anzugehen. Doch auch mit robusten und pflegeleichten Materialien können atmosphärische Räume entstehen, die dem Familienalltag einen besonderen Charme geben. Holzdielen und Industrieböden beispielsweise, Parkett und verputzte Wände haben zusätzlich den Vorteil, trotz aller Beanspruchung auf lange Sicht haltbar zu sein.

Die insgesamt 20 Beispiele in diesem Buch zeigen recht unterschiedliche Möglichkeiten, wie die Architektur den Bedürfnissen von Familien gerecht werden kann. Insgesamt sticht dabei kein allgemeingültiges Rezept für das idealtypische Einfamilienhaus ins Auge. Vielmehr zeigt sich, dass die Lebensplanung der Bauherren so unterschiedlich und individuell ausfällt wie die jeweils vorgestellte architektonische Lösung. Unter den besten zwanzig Häusern, die zum HÄUSER-Award 2013 eingereicht wurden, befinden sich Neubauten und Anbauten, Sanierungen und Umbauten. All diese Beispiele sind jeweils auf besondere Familiensituationen zugeschnitten. Trotzdem haben sie das Potenzial, zukünftige Bauherren zu inspirieren und sie zu ermutigen, die Planung unvoreingenommen anzugehen. Familie ist ein Abenteuer, das mit dem Hausbau ein festes Heim erhält.

Wohnen mit Kindern

Erwartungen an die nächste Generation sind allenthalben alles andere als bescheiden. Kinder sollen für unsere Altersvorsorge bürgen und unsere Zukunft sichern. Insofern sind sie ein Versprechen, dessen Erfüllung rosige Zeiten in Aussicht stellt. Bis es allerdings soweit ist, sind Politiker und Demografen besorgt um die nächste Generation, Pädagogen und Eltern ohnehin. Kinder selbst allerdings kommen in den zahlreichen Erziehungs- und Bildungsdebatten, die ihre Zukunft verhandeln, nicht zu Wort. Trotzdem haben sie eigene Vorstellungen vom Leben, die zugegebenermaßen recht fantasievoll, naiv oder nüchtern ausfallen können. Wie aber stellen sich Kinder eigentlich den Alltag und ihre eigene Zukunft vor?

OBEN: Bunt und wie in einer Höhle leben die Bewohner im idealen Haus von Johann (3 Jahre). Im Fachjargon würde man das Bauwerk mit gekrümmtem Dach vielleicht »Blob-Architektur« nennen. Besonders auffällig sind die massivem Mauern, die einen geschützten und geborgenen Innenraum formen.

Wer Kinder bei der Planung des neuen Familiendomizils einbezieht, der wird mit großer Wahrscheinlichkeit einige Überraschungen erleben. Denn Konventionen und Grenzen der Fantasie, die durch Realitäten gesetzt werden, sind den Kleinen meistens fremd. Warum kann das eigene Pferd, das zu vielen kindlichen Traumhäusern dazu gehört, nicht mit im Kinderzimmer wohnen? Warum ist in der Küche kein Swimmingpool? Und eine eigene Achterbahn könnte doch schneller zu den Nachbarn auf der anderen Straßenseite führen. Die Vorstellungen von Kindern setzen eigene Maßstäbe, die oft jenseits der Machbarkeit liegen. Trotzdem haben sie etwas für sich. Sie können den Blick der Eltern für tatsächliche Notwendigkeiten schärfen und legen obendrein eine unkonventionelle Perspektive für die Nutzung von Räumen nahe. Festgeschriebene Dogmen für Raumfunktionen jedenfalls gibt es im kindlichen Lebensalltag nicht. Stattdessen verwandeln Ad-hoc-Maßnahmen jedes Zimmer im Nu in eine provisorische Abenteuerzone. Der Esstisch gibt eine ideale Tischtennisplatte ab, die Garage wird für einen Nachmittag zum Künstleratelier, und der Sandkasten lässt sich mithilfe von ein paar Eimern problemlos aus dem Garten nach drinnen verlagern. Ganz zu schweigen vom Flur, der begeisterte Kicker zu sportlichen Höchstleistungen treiben kann.

Kinder verwandeln den Alltag in ein Abenteuer, das Eltern und anderen Mitbewohnern jede Menge Geduld und Improvisationskunst abverlangt. So müssen die Grenzen der kindlichen Wohnbedürfnisse tagtäglich neu verhandelt werden, was in der Regel viel Kompromissbereitschaft erfordert. Dogmatische Grundsatzverbote schränken die Kreativität von Kindern allzu stark ein. Gleichzeitig jedoch muss auch das Treiben in Ritterburgen, Höhlen und Märchenwelten, die sich mitten im Wohnzimmer breit machen, in sichere und für die Gemeinschaft verträgliche Bahnen gelenkt werden.

LINKS: Ländliche Idylle: Das Traumhaus von Lucia (11 Jahre) ist ein Bauernhaus, umgeben von Wiesen und Bergen. Wie im Berchtesgadener Land üblich, sind die Fassaden aus unverputztem Tuffsteinmauerwerk und im hinteren Stallbereich mit Holz verkleidet. Ein Spalierbaum steckt sich bis in den ersten Stock. Damit das Glück perfekt ist, dürfen auch die Tiere nicht fehlen: Kühe, Hühner und Hasen, die sogar ein eigenes Gehege haben.

UNTEN: Phantasievolle Raumaufteilung: Julian (8 Jahre) hat ein Haus gezeichnet, in dem das Abenteuer im Vordergrund steht. Achterbahnen und Rutschen verbinden die Stockwerke zu einem großen Erlebnispark. Mit Gondeln gelangen die Bewohner in die unterschiedlichen Gebäudebereiche. Auf dem spitzen Dach des linken Hauses versteckt sich ein Swimmingpool. Neben klassischen Schlafzimmern mit Hochbetten gibt es auch ein Schaukelzimmer und mehrere Depots für Spielzeugautos.

Es liegt an den Eltern und ihrer Erziehung, mit der Kreativität von Kindern im Alltag umzugehen und ihre Möglichkeiten auszuloten. Sicherlich hat es wenig Sinn, sich bei der Planung von Häusern an konkreten kindlichen Vorstellungen zu orientieren. Die rosarote Prinzessinenwelt im Kinderzimmer kann schon nächstes Jahr in Ungnade fallen. Dann müssen Wände gestrichen und vielleicht sogar Möbel angeschafft werden, um neue Erlebniswelten zu inszenieren, die sich wieder als ähnliche, auf Zeit beschränkte Provisorien herausstellen können. Doch auch gut durchdachte und für die Gemeinschaft sinnvolle Details geben den Kindern genügend Freiräume für ihre Fantasie, wie die Häuser in diesem Buch zeigen. Die tiefe Fensterbank in der Küche beispielsweise wird als großes Schaufenster zum Garten bespielt – mit Bauklötzen oder Puppenecken. Auf der Galerie dürfen Kinder ihre Spielsachen liegenlassen, wo sie die Gemeinschaft nicht stören. Und die große Wiese, die gleich vor dem Kinderzimmer liegt, wird abends von einer ganzen Kinderschar aus der Nachbarschaft zum Fangenspielen genutzt. Wenn die Kleinen einmal groß sind, werden andere Bedürfnisse die Nutzung der Räume bestimmen, die dann von nicht minderer Qualität sind. Die Spielgalerie mutiert möglicherweise zum Rückzugsbereich der Eltern, und auf der Fußballwiese stehen keine Tore mehr, sondern Liegestühle mitten im Grünen.

PROJEKTE

STEFAN MARTE, MARTE.MARTE ARCHITEKTEN

» *Das in sich abgeschlossene Haupthaus ließ als Erweiterung nur eine abstrakte, in Form und Material reduzierte Figur zu. Wir entschlossen uns zu einem frei stehenden Turm in spannungsvoller Nähe zum Haupthaus, zu dem sich auch seine raumgroßen Fenster orientieren.* «

1. PREIS

MÄDCHENTURM
Erweiterung eines Einfamilienhauses in Dafins/Vorarlberg (Österreich)

Mädchen wohnen gern in Türmen. Im Märchen ist das so, aber auch in Dafins, einem kleinen Dorf über der Talsohle des Vorarlberger Rheintals. Dort haben Stefan und Margot Marte ihr zwölf Jahre altes Einfamilienhaus oberhalb des Dorfzentrums um einen schlanken, frei stehenden Märchenturm erweitert. Bewohnt wird der Turm von drei der insgesamt fünf Töchter der Familie. Bis vor Kurzem haben sich die Kinder zwei Zimmer im Haupthaus geteilt. Heute bewohnen die älteren Töchter Laura, Sophia und Aurelia den Turm und haben dort ihr eigenes Reich.

Wie ein Meteorit wirkt der schlanke Baukörper, der neben einem alten Birnbaum auf dem Steilhang steht. Die Fassaden aus Cortenstahl zeigen Patina und fügen sich wie eine erdverbundene, abstrakte Skulptur in die satten Wiesen und Wälder der malerischen Landschaft ein. Stefan Marte, der gemeinsam mit seinem Bruder Bernhard das Vorarlberger Büro marte.marte Architekten leitet, hat die Erweiterung seines eigenen Familiendomizils als ein Ensemble ungleicher Baukörper konzipiert. Der frei stehende Turm bildet ein vertikales Pendant zum liegenden Sichtbetonvolumen des Haupthauses und geht in Material und Form einen spannungsreichen Dialog mit ihm ein. Zwischen dem Wohnhaus und dem Turm entstand ein in die Landschaft eingeschnittener Innenhof, der sich Richtung Süden zum Pool orientiert. Dessen dunkel beschichtete Stahlbetonwanne, die an den Außenseiten ebenfalls mit Cortenstahl verkleidet ist, rundet das Ensemble durch optische Bezüge zum neuen Turm ab. In jedem der oberen Turmstockwerke befindet sich ein Kinderzimmer, das sich über die gesamte Breite mit einem raumgroßen Fenster zum Haupthaus orientiert. »Eigentlich wollten wir schon immer in einer Burg wohnen. Jetzt haben wir ein Haus mit einem Turm, der perfekt zu uns passt«, so die Bauherrin Margot Marte. »Durch die Erweiterung wurde die Wohnsituation insgesamt deutlich verbessert – es gibt jetzt einen Innenhof, wir wohnen zusammen und haben trotzdem so viel Freiraum, dass wir uns auch zurückziehen können.«

RECHTS: Der Mädchenturm orientiert sich mit großen Fensterflächen zum Haupthaus und erweitert dessen Wohnflächen um drei übereinander gestaffelte Kinderzimmer. Das schlanke, vertikale Volumen ist rundherum mit Cortenstahl verkleidet und steht in einem spannungsreichen Dialog mit den Betonfassaden des Elternhauses.

So rau und ritterlich sich der Turm von außen gibt, so hell und leicht wirkt sein Inneres, das insgesamt 109 Quadratmeter zusätzliche Wohnfläche fasst. Hinter der Stahlfassade des Bauwerks verbirgt sich eine Leichtbaukonstruktion in Holzelementbauweise. Wände, Böden und Decken der oberen Etagen sind wie im Haupthaus mit finnischem Birkensperrholz verkleidet. Eine Bibliothek verbindet das untere Turmgeschoss mit dem Haupthaus und gibt dem Weg dorthin Aufenthaltsqualität. Die eigenständige Küche, die sich daran anschließt, wird derzeit als Sommerküche für erholsame Nachmittage am Pool genutzt, zu dem sich der angegliederte Essbereich über eine Schiebetür öffnen lässt. Da der Mädchenturm auch einen separaten Eingang zum rückwärtigen Parkplatz hat, kann er später einmal als eigenständige Wohneinheit genutzt werden.

Eine Wendeltreppe an der Westseite führt nach oben in die Gemächer der Kinder. Die hellen Zimmer nehmen die gesamte Grundfläche in jedem Stockwerk ein und wirken wie die Kammern eines Burgturms. Ihre bodentiefen Fenster mit Festverglasung sind Richtung Osten zum Haupthaus ausgerichtet. Einerseits wird so der Bezug der Töchter zu ihren Eltern deutlich, andererseits erhalten die Kinder genügend Freiheit in ihrem eigenen Domizil. Zum Lüften können Klappen nach Norden und Süden geöffnet werden.

Als Erweiterung des Haupthauses und als eigenständiger Baukörper verspricht der Mädchenturm in Dafins Schutz und Geborgenheit mit einer Prise Abenteuer. Die drei älteren Töchter bleiben mit den Gemeinschaftszonen im Erdgeschoss des Haupthauses verbunden, sie können am Familienleben teilnehmen oder sich in ihre Turmzimmer zurückziehen. Der Respekt vor dem anderen und die Vermittlung von Grenzen sind Werte, die nicht nur in der Erziehung, sondern auch in der Architektur ihren Ausdruck finden können.

GANZ OBEN: Inmitten der pittoresken Hügellandschaft fügen sich Turm und Haupthaus zu einem gelungenen Ensemble unterschiedlicher Baukörper. Ein versteckter Innenhof verbindet beide Volumen und schafft viel familiäre Privatsphäre.

OBEN: Zur Straßenseite ist der Mädchenturm geschlossen. In seiner kompakten Form wirkt er wie eine Skulptur in der Landschaft, die bereits eigene Patina angesetzt hat.

RECHTS: Der Swimmingpool orientiert sich nach Süden und lädt Jung und Alt an schönen Sommertagen zum Baden ein. Seine dunkel beschichtete Stahlbetonwanne ist an den Außenseiten mit Cortenstahl verkleidet und wird so zum Teil des Ensembles.

OBEN: Zwischen den beiden Baukörpern ist eine Terrasse entstanden, von der aus man zum Pool gelangt. In den Sommermonaten ist über diesem Bereich ein dunkles Sonnensegel gespannt.

OBEN: Der Verbindungstrakt zwischen Haupthaus und Turm ist als Bibliothek eingerichtet. Hier halten sich die Kinder gern zum Lesen auf.

LINKS: Um vom Haupthaus in den Turm zu gelangen, müssen zwei Treppenabsätze am Eingang und Ausgang der Bibliothek passiert werden. Sie verbinden die unterschiedlichen Niveaus der Baukörper.

LINKS: Wie in einer Ritterburg, führt auch im Mädchenturm eine schmale Wendeltreppe in die Gemächer der Kinder nach oben.

LINKS: Die einzelnen kompakten Zimmer sind wie Guckkästen mit großen Fenstern gestaltet und richten sich nach Osten zum Haupthaus aus. Über schmale seitliche Klappen können sie belüftet werden.

RECHTS: Die Dachterrasse des Haupthauses ist eins der Zentren des Familienlebens. Um sie breiten sich in L-Form die gemeinschaftlichen Wohnräume aus.

RECHTS: Durchgängige Verglasungen geben den Wohnräumen im Haupthaus luftige Transparenz. Vom Sofa aus fällt der Blick auf die umliegenden Wiesen und Hänge.

LINKS: Hell und Dunkel, Beton und Cortenstahl fügen sich zu einer ungewöhnlichen Einheit aus klaren und einfachen Baukörpern.

VORTEILE FÜR FAMILIEN

In der Nähe der Eltern und doch in einem eigenständigen Haus: Der Mädchenturm mit drei übereinandergestapelten Kinderzimmern gibt den älteren Töchtern der Familie die nötige Unabhängigkeit und bleibt räumlich dennoch mit dem Elternhaus verbunden. In Zukunft können die Flächen im Turm auch als separate Wohneinheit mit eigener Küche genutzt werden.

BEGRÜNDUNG DER JURY

Der Erweiterungsbau zeigt ein unkonventionelles Konzept jenseits bekannter Typologien. Er besticht durch innenräumliche Komplexität bei gleichzeitiger Klarheit des Baukörpers. Durch die vertikale Anordnung sind Erlebnisräume mit Blicken in die spektakuläre Landschaft entstanden, die für Kinder und Erwachsene gleichermaßen attraktiv sind. Die großzügigen Flächen im Sockelgeschoss von Turm und vorhandenem Haus dienen der Begegnung und dem Spiel der Kinder, wodurch die individuellen Räume der Mädchen knapp gehalten werden konnten.
Ein Wechselspiel von Wegen, Treppen, Aufweitungen und geschlossenen Räumen bietet eine Vielfalt, die der Bauaufgabe »Wohnen mit Kindern« vorbildlich gerecht wird. Gemeinsamkeit und Rückzug, Introvertiertheit und Öffnung, Privatheit und Öffentlichkeit sind in diesem Haus keine Gegensätze, sondern durch ein ausgeklügeltes Raumkonzept gleichermaßen möglich. Der schlichte Innenausbau aus einfachen Sperrholzplatten ist auf wenige Details reduziert, was den Kindern Entfaltungsmöglichkeiten in der Gestaltung der Räume nach eigenen, sich mit den Jahren wechselnden Ausstattungswünschen erlaubt.

Heiner Farwick

GEBÄUDEDATEN

Grundstücksgröße: 1.233 m²
Wohnfläche Mädchenturm: 109 m²
Wohnfläche insgesamt: 272 m²
Zusätzliche Nutzfläche Mädchenturm: 18 m²
(von insgesamt 55 m²)
Anzahl der Bewohner im Turm: 3 (von insgesamt 7)
Bauweise: Holzelementbauweise mit hinterlüfteter Cortenstahlfassade auf massivem Untergeschoss
Baukosten: keine Angaben
Heizwärmebedarf: 49 kWh/m²a
Primärenergiebedarf: 75 kWh/m²a
Fertigstellung: 2012

Lageplan

3. Obergeschoss

Schnitt

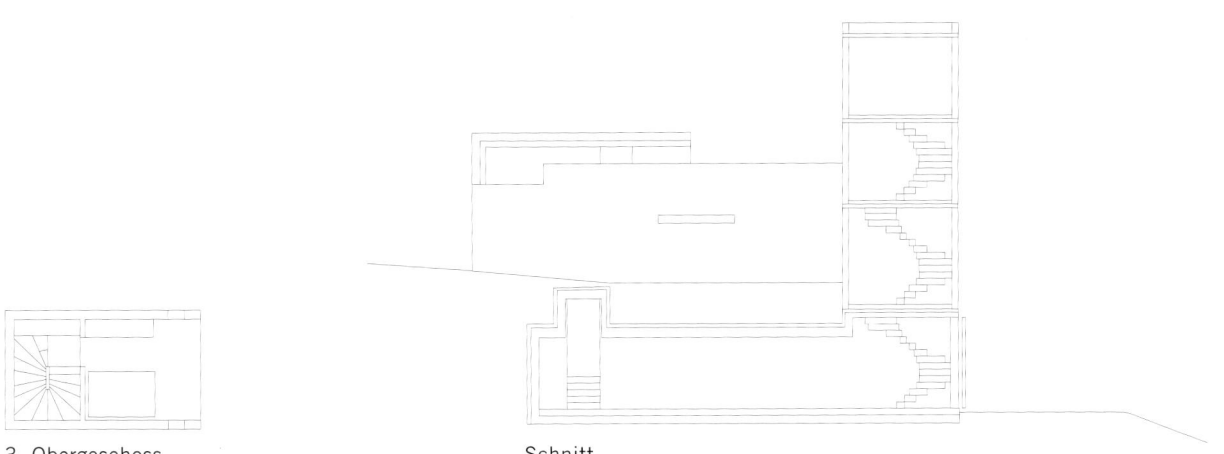

2. Obergeschoss

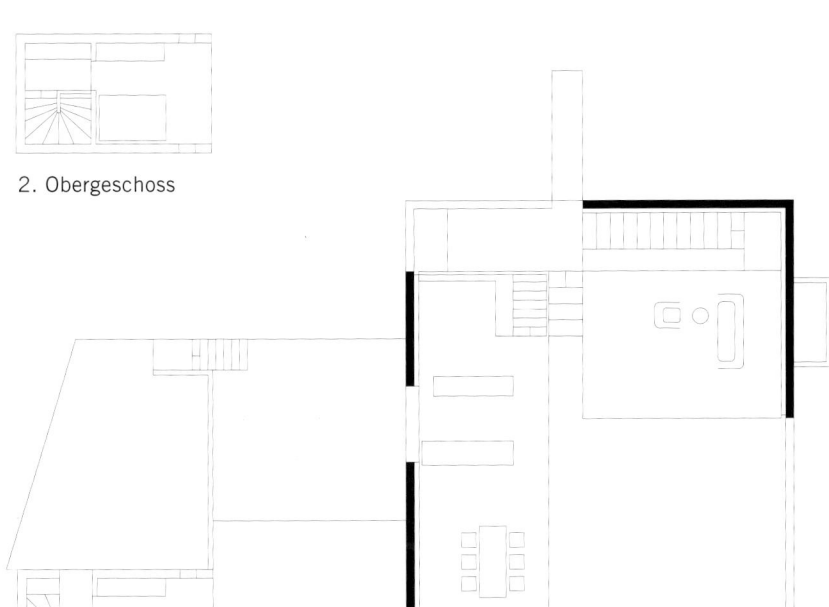

1. Obergeschoss

Erdgeschoss

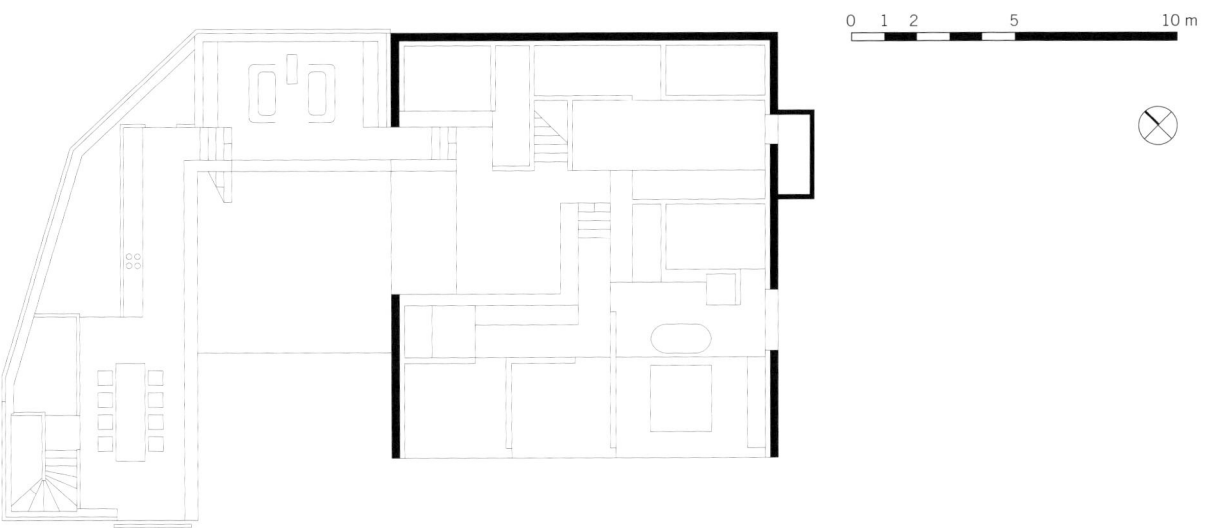

ROBERT + SONJA KERN, SEIDL KERN ARCHITEKTEN

» *Genügend Zeit zum Experimentieren und ein passendes Grundstück waren die Ausgangssituation. Wir wollten ein robustes und nachhaltiges Haus mit viel Licht und Platz, kurzen Wegen in den Garten und zum vorderen Hof, zu Oma und Opa, Uroma und Bruder.* «

2. PREIS

EINE ART FAMILIENTREFFEN
Hofhaus in Fahrenzhausen bei München

Wenn Architekten ihr eigenes Haus planen, dauert es manchmal etwas länger. Zwar wohnten Sonja und Robert Kern von seidl kern Architekten mit ihren beiden Kindern beengt in einem Dachausbau, der früheren Junggesellenwohnung. Trotzdem ließ sich das Architektenehepaar viel Zeit, auf dem rückwärtigen Wiesengrundstück des ehemaligen Bauernhofs der Großeltern in Fahrenzhausen bei Freising ihr eigenes Einfamilienhaus zu planen. »Bis der Opa resolut erklärte, er hätte in zwei Wochen Urlaub und würde jetzt einfach mal Fundamente ausheben«, erinnert sich Robert Kern zurück an die Bauzeit. Großeltern, Kinder und Eltern halfen samt Onkeln, Tanten und Freunden mit beim Betonieren, Mauern und Hobeln. Von der Außenschalung bis zu den Schreinerarbeiten in der Küche, den Einbaumöbeln und den geölten Eichenböden brachten sich alle tatkräftig ein. So entstand ein großzügiges Familiendomizil, dessen Grundriss ebenso wie der Innenausbau durch die hohe Qualität der Details besticht und aufgrund der außerordentlichen Eigenleistung insgesamt nur 862 Euro pro Quadratmeter kostete. »Manches ist auch heute noch nicht fertig«, resümieren Sonja und Robert Kern die Wohn- und Arbeitssituation in ihrem neuen Hofhaus. Doch das macht in ihren Augen nichts, weil stete Ergänzungen und Veränderungen bei jedem Haus dazugehören.

In Winkelform breitet sich der eingeschossige Gebäudekörper um zwei große Eschen aus und nutzt die vorgelagerte Scheune als zusätzliche Begrenzung für einen geschützten Hof mit ruhiger Privatsphäre und viel Sonne. Zum Schutz vor Hochwasser der nahe gelegenen Amper ist das Haus samt seiner durchgängigen Südveranda auf ein Podest gestellt, sodass es gleichsam leicht und schwerelos über dem Boden schwebt. Lärchenholz und dunkle Faserzementplatten hüllen den flachen Baukörper rundherum ein. Auf dem Flachdach wachsen Schnittlauchpflanzen. »Wir wollten ein ebenerdiges Haus, in alle Richtungen offen, damit die Kinder einfach ins Freie auf die Wiese laufen können«, meint Sonja Kern.

RECHTS BEIDE: Das flache Haus legt sich L-förmig um einen ruhigen Innenhof mit zwei großen Eschen. Da die nahe gelegene Amper ab und an über ihre Ufer tritt, ist der gesamte Baukörper samt der Südveranda auf ein Podest gestellt und scheint gleichsam zu schweben.

Durch die geschickte Organisation des Grundrisses sind die Wohnflächen von insgesamt 204 Quadratmetern und die zusätzliche Bürofläche (87 Quadratmeter) miteinander verzahnt, bei Bedarf aber auch voneinander trennbar. Denn der großzügige Arbeitsraum der Eltern, der sich im Osten durch die gesamte Tiefe des Hauses erstreckt, kann von der Eingangsdiele aus durch einfache weiße Schiebetüren von den privaten Bereichen abgekoppelt werden. So ist das helle Entree des Hauses, wo der eigenhändig verlegte Terrazzoboden in mattem Grau schimmert, mal belebter Treffpunkt der Familie und mal repräsentativer Büroeingang. Der westlich anschließende, großzügige Essbereich samt offener Küche ist großflächig zum Innenhof verglast. So strömt viel Licht in den zentralen Raum, wobei das vorspringende Verandadach gleichzeitig vor direkter Sonneneinstrahlung schützt. Das Wohnzimmer sowie drei Kinderzimmer erschließt ein schmaler Flur in der Grundrissmitte. Lichtschächte zum Dach erhellen den Gang, der über seine gesamte Länge mit praktischen Einbauschränken bestückt ist. Durch die schmalen, raumhohen Glastüren gelangen die Kinder ohne Umwege von ihren Zimmern nach draußen. Über das Fenster eines zurückgesetzten Pultdachs fällt zusätzliches, warmes Südlicht in ihre Räume. Die Empore nutzen die Kinder als Schlafdeck oder zum ungestörten Spielen. Eher klein, aber gemütlich ist das Wohnzimmer. Es richtet seinen horizontalen Fensterschlitz in die freie Landschaft und ist ein beliebter Familientreffpunkt mit Kamin.

Das Elternschlafzimmer im Osten und einfach gehaltene Bäder runden das Raumprogramm ab. Der Freisitz vor der Küchentür trennt das Haupt- vom Nebengebäude mit den Hauswirtschaftsräumen und einem Gästezimmer. Im Sommer nutzen die Kerns diese Terrasse als geschützten Essplatz mit Morgen- und Abendsonne. Durch ein großes Schiebeelement in der Fassade bleibt der Freisitz windgeschützt und orientiert sich je nach Wunsch mehr zum Obstgarten oder zum Innenhof.

Insgesamt vier Generationen wohnen in Fahrenzhausen, verteilt auf mehrere Nachbargrundstücke. Das Haus der Familie Kern sitzt mitten in dieser Großfamilienstruktur und lässt trotzdem genauso viel Privatsphäre wie Gemeinschaftssinn zu.

OBEN: Am langen Gang in der Grundrissmitte sind die privaten Rückzugsräume aufgereiht. Über ein Oberlicht fällt Licht in den schmalen Flur, der an einem Ende in das Wohnzimmer übergeht. Geölte Eichenböden verbinden alle Flächen zu einer wohnlichen Einheit.

LINKE SEITE OBEN: Die Küche ist mit Einbauschränken bestückt, die wie weiße bündige Wände wirken. Im Zentrum steht ein Holzmöbel, das Ablageflächen und Stauraum bietet, auch für Bücher.

LINKE SEITE UNTEN: Der lichtdurchflutete Essbereich wird durch das vorspringende Flachdach vor zu viel direkter Sonne geschützt. Am großen Holztisch ist Platz für die gesamte Großfamilie samt Großeltern und Freunde.

LINKS BEIDE: Die nordseitigen Kinderzimmer sind durch eine Empore aufgewertet, die zum Spielen oder Schlafen genutzt und über eine Leiter betreten wird. Über ein Pultdach, das dem Flachdachbau aufgesetzt ist, fällt Licht in den Gang und in die Zimmer.

RECHTS: Im hellen Bürobereich im Westen haben die Eltern ihr Architekturbüro eingerichtet – mit Blick auf den Hof und in die Landschaft.

LINKS: Auch die Kinder haben tatkräftig beim Bau mitgeholfen. Ihre Namen sind in die Sichtbetonwände am Eingang der Kinderzimmer geritzt. Das Relief wird sie immer an ihre Spitznamen erinnern.

UNTEN: Der Eingangsbereich öffnet sich mit raumhohen Schiebetüren sowohl zum Wohn- als auch zum Arbeitsbereich. Sind die Türen geöffnet, so entsteht eine durchgängige, fließende Zone. Mit geschlossenen Türen wird die Eingangsdiele zum repräsentativen Entree des Büros. Einfache Bauernmöbel geben dem Eingangsbereich einen schlichten, ländlichen Charakter.

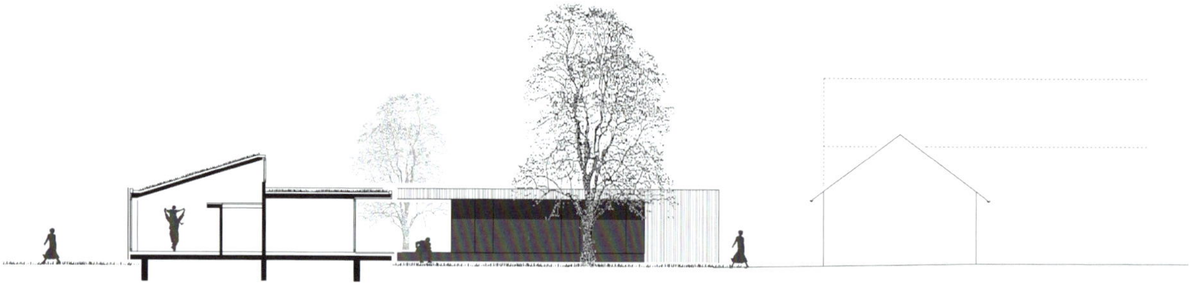

Schnitt

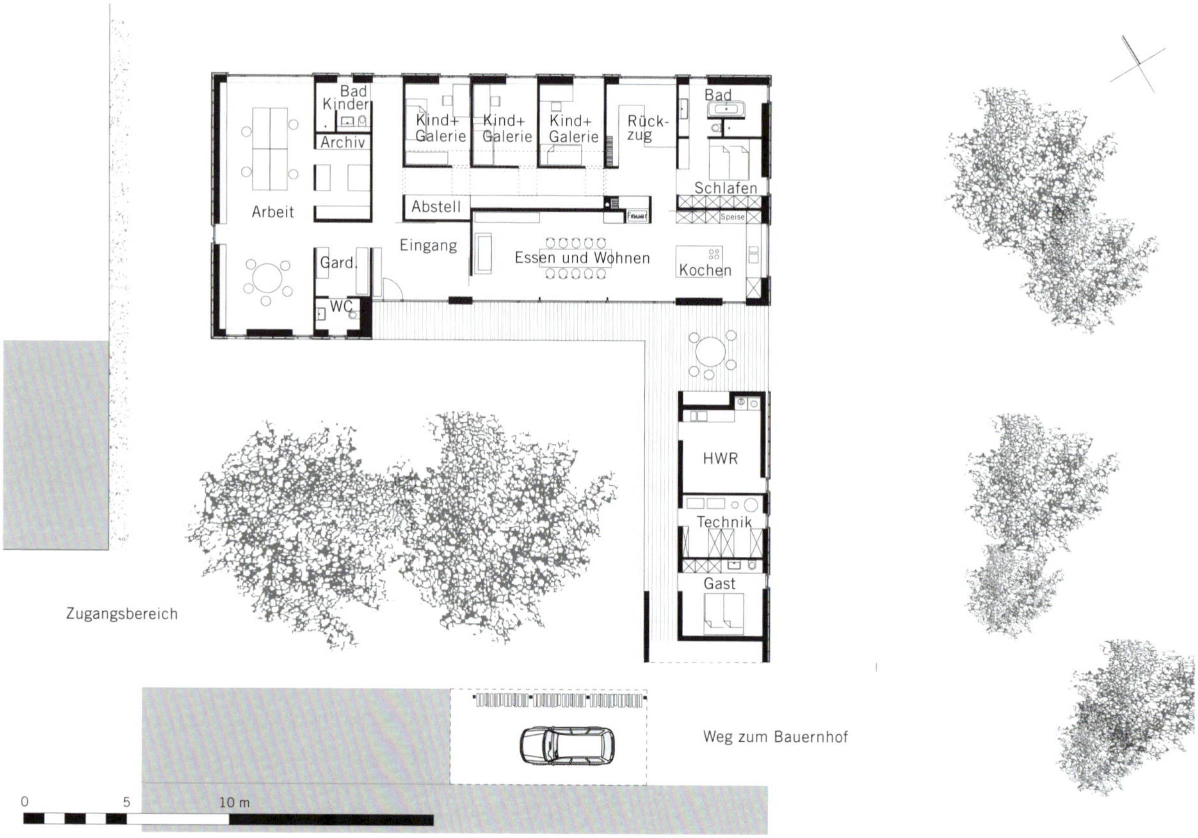

Zugangsbereich

Grundriss

Weg zum Bauernhof

0 5 10 m

LINKS BEIDE: Die vorgelagerten Wirtschaftsgebäude des Hofs der Großeltern bilden die Rückseite des ruhigen Innenhofs. Die Gartenseite im Norden öffnet sich auf grüne Wiesen. Hier ist viel Platz für die Kinder, um sich mit Freunden auszutoben.

RECHTS UNTEN: Die durchgängige Veranda verbindet alle Wohnräume mit den Wirtschaftsgebäuden im Nebentrakt und öffnet sich im Knick des Grundrisswinkels zu einer geschützten Frühstücksterrasse.

RECHTS GANZ UNTEN: Das Büro seidl kern Architekten besteht aus zwei Elternpaaren, die sich zu einer Büropartnerschaft zusammengeschlossen haben. Die Wohnbedürfnisse von Familien und Kindern kennen die Architekten bestens aus ihrer eigenen Lebenswelt.

GEBÄUDEDATEN

Grundstücksgröße: 1.720 m²
Wohnfläche: 204 m² (Wohnhaus), 87 m² (Büro)
Zusätzliche Nutzfläche: 28 m²
Anzahl der Bewohner: 4
Bauweise: Ziegelmassivbau mit Betondecken, begrüntem Dach und Lärchenholzverkleidung
Baukosten gesamt: 275.000 €
Baukosten je m² Wohn- und Nutzfläche: 862 €
Heizwärmebedarf: 43 kWh/m²a
Primärenergiebedarf: 55 kWh/m²a
Fertigstellung: 2009

VORTEILE FÜR FAMILIEN

Zwar ist das Haus nicht unterkellert, doch bieten die unauffälligen Einbauschränke überall viel Stauraum. Durch den L-förmigen Grundriss entstehen ein privater Innenhof und eine offene Gartenseite, die in die Landschaft übergeht. Hier treffen sich Kinder und Freunde regelmäßig mit den Eltern und Großeltern zum Fußballspielen und zu anderen Familienaktivitäten im Grünen.

Lageplan

C. SEEBALD, H. EHRHARDT UND G. BOTTEGA, BOTTEGA + EHRHARDT ARCHITEKTEN

> *Entlang eines räumlich abwechslungsreichen Wegs reihen sich verschiedenste gemeinschaftliche und private Wohnbereiche für die fünfköpfige Familie. In dem offenen und hellen Haus hat jedes Familienmitglied einen privaten Rückzugsbereich.*

3. PREIS

POLYGONALES RAUMWUNDER
Haus K2 in Stuttgart

Trotz des verwinkelten Grundstücks in einer grünen Wohngegend des Stuttgarter Killesbergs gelang es Bottega + Erhardt Architekten, im Haus K2 großzügige und abwechslungsreiche Wohnräume zu schaffen. Sie gaben dem dreigeschossigen Einfamilienhaus mit einer Grundfläche von 79 Quadratmetern einen polygonalen Grundriss, der die Mindestabstandsflächen zu den Nachbarn exakt einhält. Den Knick der Baugrenze auf der Gartenseite nutzten die Architekten für ein zurückgesetztes Obergeschoss und eine kleine Dachterrasse. Zur südlichen Straßenseite springt das Gebäudevolumen am Eingangsbereich zurück. Baurechtlich wurde die Auskragung der beiden oberen Geschosse als Erker gewertet.

Da der Hausbau in der Lebensplanung der Bauherren ursprünglich nicht vorgesehen war, entschlossen sie sich erst dazu, als die beiden ältesten von den drei Kindern bereits am Ausziehen waren. »Nach vielen Besichtigungen von Häusern und Eigentumswohnungen hatten wir festgestellt, dass der Kauf eines fertigen Hauses oder einer Wohnung immer mit Kompromissen behaftet ist«, so der Bauherr. Das neue Haus hingegen geht auf die individuellen Wünsche der Familie ein – seine Architektur ist Ausdruck ihres Lebensgefühls.

Der kompakte Holzbau ist außen mit dunkelgrauen Faserzementplatten verkleidet und staffelt die Gemeinschaftsbereiche und Rückzugsmöglichkeiten auf drei Geschossen. Dabei sind die Räume klassisch organisiert – die Gemeinschaftszonen liegen im Erdgeschoss, die Kinderzimmer im ersten Stock und die privaten Rückzugsräume der Eltern im Dachgeschoss. Der Eingang weitet sich nahtlos in einen leicht tiefer gelegenen Wohnbereich. Raumhohe Glasschiebeelemente, die bündig mit der Fassade abschließen, öffnen den durchgängigen Erdgeschossraum mit Küche, Essbereich und Wohnzimmer zur seitlichen Terrasse und zum Garten. In den Wintermonaten versammeln sich die Bewohner um den Kamin. Im Sommer wird der Garten Teil des Wohnzimmers und die Terrasse vor der Küche zum Essbereich im Grünen.

RECHTS: Von außen ist dem dreigeschossigen Haus nicht anzusehen, dass es aus Holz gebaut ist. Horizontale Streifen aus dunkelgrauen Faserzementplatten umhüllen den polygonalen Baukörper. Auch die anthrazitfarbenen Fensterrahmen ordnen sich diesem Muster unter.

LINKS: Die ungewöhnliche Form des Hauses ist aus den Grundstücksgrenzen und den baurechtlich erforderlichen Mindestabständen abgeleitet. Der kompakte, aber dennoch großzügige Grundriss bietet vielseitige Räume und Ausblicke.

RECHTS OBEN: Der großzügige und vielseitige Wohnraum im Erdgeschoss lässt sich durch Schiebeelemente zum Garten und auf die Terrasse erweitern. Er bildet das kommunikative Herzstück des Hauses.

RECHTS UNTEN: Als Teil des Wohnraums wird die Küche zum Aufenthaltsort für die ganze Familie. Ein schmales Fensterband lenkt den Blick von der Arbeitsfläche ins Freie.

Die Kinderzimmer im ersten Stock reihen sich an einen großzügigen hellen Flur, der durch seine Verglasung zum Garten eine eigene Aufenthaltsqualität erhält. Das Dachgeschoss ist den Eltern vorbehalten. Neben ihrem Schlafzimmer und einem Bad, das sich mit einem großen Fenster zur Treppe öffnet, befindet sich hier auch ein zweiter Wohnraum mit einer Bibliothek und Zugang zur Dachterrasse. Für den Bauherrn ist dieses ruhige Refugium das schönste Zimmer des Hauses.

Das gesamte Haus besteht aus einer Holzkonstruktion mit großformatigen Kreuzlagenmassivelementen. Lediglich im Bereich der Fensterflächen sind runde Stahlstützen eingesetzt, um den Blick nach draußen nicht zu beeinträchtigen. Weiße Wände und weiß lackierte Einbaumöbel aus MDF (Mitteldichte Faserplatte) ergänzen die sichtbaren, weiß lasierten Elemente der massiven Holzdecke und das geseifte Eichenparkett. Es fließt durchgängig vom Eingang bis ins Dachgeschoss und verbreitet einen eigenen Charme, in dem der Bezug zur Natur lebendig wird.

OBEN: Der Lieblingsplatz der Eltern ist ein kleiner zweiter Wohnraum samt Bibliothek. Der ruhige Rückzugsort liegt im Dachgeschoss und lässt sich auf eine kleine Terrasse öffnen.

Schnitt	Schnitt

RECHTS: Das Dachgeschoss ist als Privatbereich der Eltern konzipiert. Ihr Badezimmer öffnet sich mit einem großen Fenster zum Treppenhaus.

UNTEN LINKS: Zentrales Element der Raumorganisation ist die Holztreppe. Sie verbindet auch die Eingangszone mit dem etwas tiefer gelegenen, offenen Wohnbereich. Wie auf allen Böden, ist auch auf der Treppe geseiftes Eichenparkett verlegt.

UNTEN RECHTS: Im ersten Stock ist der Flur sehr großzügig bemessen und erhält durch bodentiefe Fenster zur Gartenseite viel Tageslicht. Die gesamte Erschließungszone wird auf diese Weise aufgewertet und erhält eine eigene Qualität als vielseitig nutzbarer Aufenthaltsraum.

GEBÄUDEDATEN

Grundstücksgröße: 317 m²
Wohnfläche: 198 m²
Zusätzliche Nutzfläche: 64 m²
Anzahl der Bewohner: 5
Bauweise: massiver Holzbau
Baukosten gesamt: 550.000 €
Baukosten je m² Wohn- und Nutzfläche: 2.100 €
Heizwärmebedarf: 41 kWh/m²a
Primärenergiebedarf: 51 kWh/m²a
Fertigstellung: 2011

LINKS: Die Auskragung der beiden oberen Geschosse in Richtung Straßenseite wurde baurechtlich als Erker gewertet. Das große Fenster streut viel Tageslicht in die Innenräume.

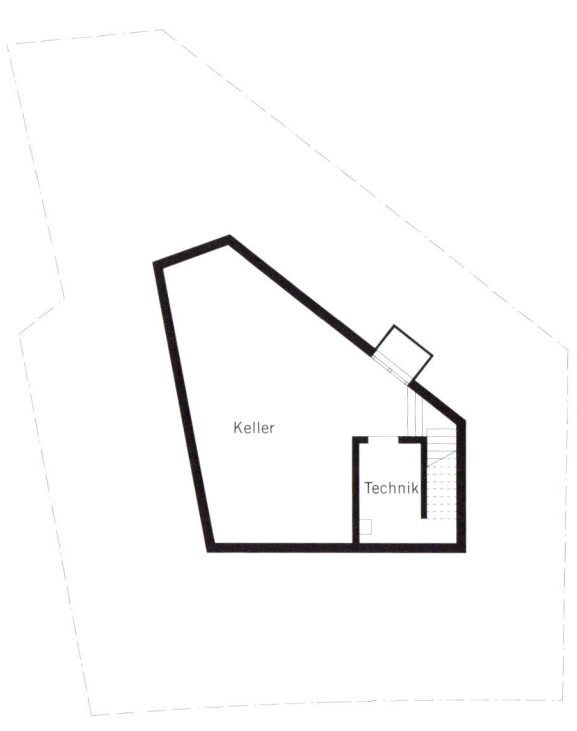

Untergeschoss

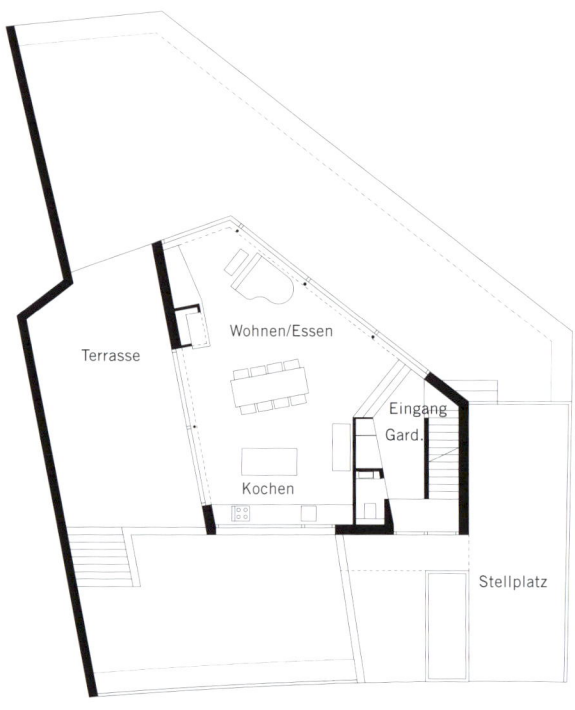

Erdgeschoss

URTEIL DER JURY

Das Haus K2 leistet einen innovativen Beitrag zum Wohnen mit Kindern im städtischen Raum, einerseits durch seine Art der Nutzung eines ungünstigen Grundstücks, andererseits durch seine ressourcenschonende Bauweise.

Das Haus kokettiert nicht mit den Stereotypen des Holzbaus, sondern interpretiert ihn neu, indem es polygonale Gestalt und Konstruktion aus Massivholzelementen sinnvoll miteinander verschränkt. Es steht außerdem für eine Neuinterpretation nachhaltigen Bauens und damit für eins der sinnfälligen Themen beim Bauen für Familien mit Kindern.

Überaus intelligent spielt das Haus mit den Geometrien, die sich aus der maximalen Grundstücksausnutzung ergeben. Durch den Gegensatz zwischen stringentem Grundriss und Raumgestalt ergeben sich interessante Perspektiven.

Laura Fogarasi-Ludloff

VORTEILE FÜR FAMILIEN

Die Durchlässigkeit von innen nach außen hat sich im Familienalltag rundherum bewährt. Das zweite Wohnzimmer mit Dachterrasse nutzen die Eltern als Möglichkeit zum ruhigen Rückzug aus dem Alltag.

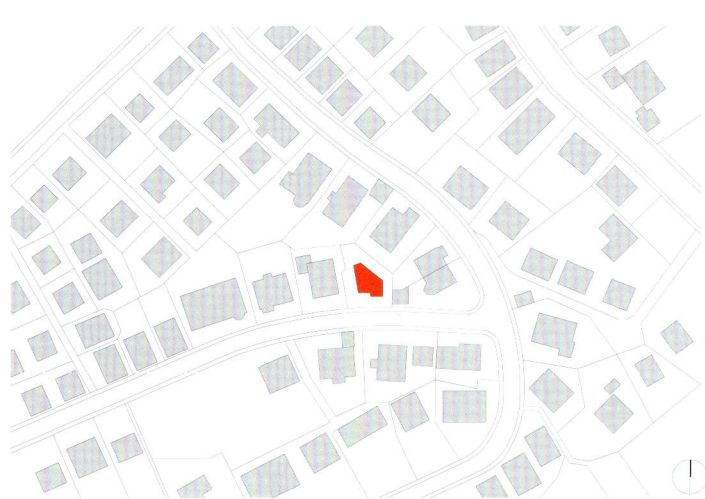

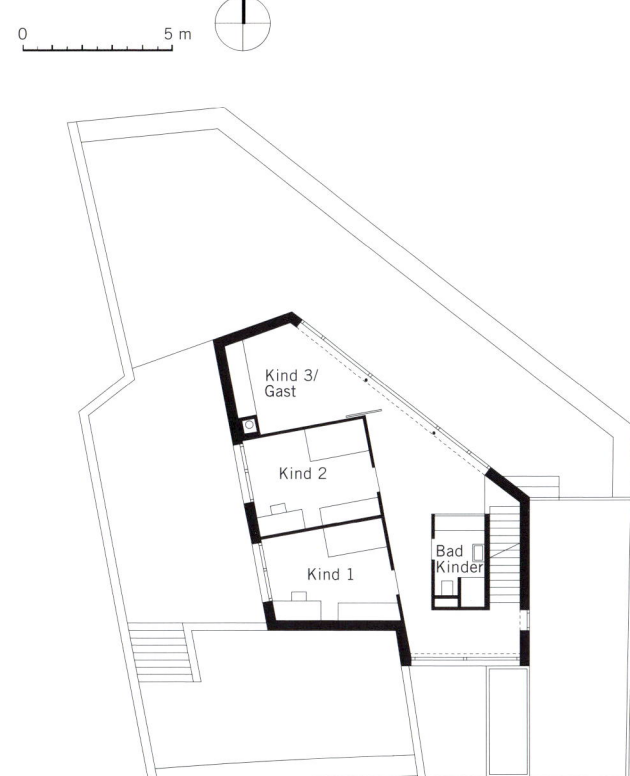

Obergeschoss

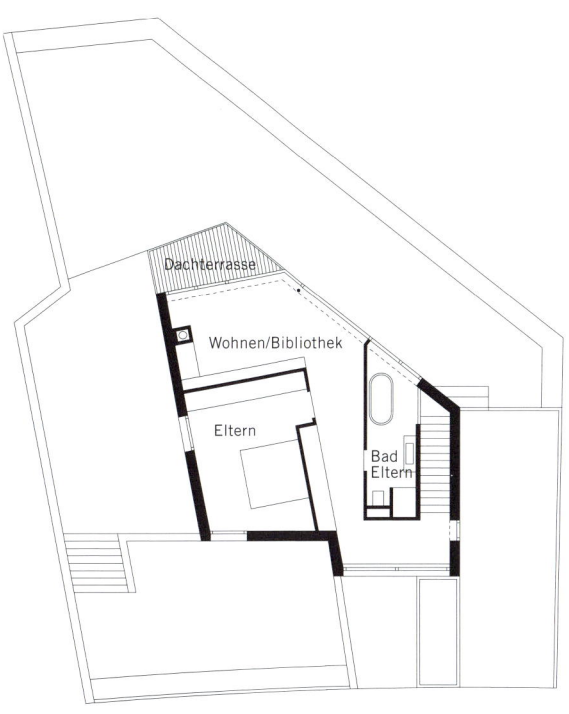

Dachgeschoss

STEPHAN WALTER, F64 ARCHITEKTEN

» *Neben der großzügigen Wohnküche gibt es eigene Rückzugsmöglichkeiten für Eltern und Kinder. Der flexible Grundriss ermöglicht das Zusammenleben verschiedener Generationen in unterschiedlichen Lebenssituationen.* «

AUSZEICHNUNG

FLEXIBLE WOHNKONSTELLATION
Haus L15 in Kempten

Für die junge Bauherrenfamilie hat sich die mehrjährige Suche nach einem geeigneten Grundstück in Kempten rundherum gelohnt. Ihr neues Haus befindet sich in einer ruhigen Seitenstraße mit Blick auf die Allgäuer Berge. Die Innenstadt ist ebenso wie Kindergarten und Schule zu Fuß erreichbar. Im weitläufigen Garten steht eine große Blutbuche, die Schatten spendet und ihr natürliches Flair bis in die Wohnräume verbreitet.

Stephan Walter von F64 Architekten nutzte die Qualitäten des 1.114 Quadratmeter großen Hanggrundstücks für einen zweigeschossigen Baukörper, der sich in Winkelform um den großen Baum legt und die Innenräume mit Glasflächen und vorgelagerten Terrassen zum Garten öffnet. Auf Wunsch der Bauherren ist das Gebäude als offenes Haus konzipiert und bietet unterschiedliche Optionen für die Zukunft. Der Grundriss konzentriert den Alltag mit drei Kindern – demnächst sind es vier – in einem großzügigen Zentralraum, der sich mit 3,80 Metern Deckenhöhe über zwei Geschosse erstreckt. »Im Winter lodert hier das Feuer im Kamin und im Sommer nutzen wir die Terrasse als weiteres Wohnzimmer«, beschreibt die Bauherrin ihren Lieblingsraum, in dem sich die ganze Familie regelmäßig versammelt wie in einer großzügigen Wohnküche. »Trotz der Größe des Hauses ist man nie allein – sondern immer in ständigem Kontakt und Austausch.« Die Galerie haben die Kinder in Besitz genommen.

Sie nutzen ihr eigenes Reich in Rufweite zur Küche und zum Essbereich zum Malen, Puzzeln oder Autospielen. Ihre Spielsachen dürfen sie abends liegen lassen, denn vom tiefer gelegenen Wohnraum aus bleibt die Spielzone unsichtbar.

Westlich und östlich der Galerie erschließen jeweils eigene Flure die Rückzugsräume für die Eltern und Gäste sowie die Kinderzimmer. Solange die Kinder klein sind, bleiben diese Bereiche, die als eigene Gebäudetrakte konzipiert sind, akustisch und räumlich miteinander verbunden. Später können sie durch Türen vom zentralen Wohnbereich getrennt und zu eigenständigen Einheiten umfunktioniert werden. Sowohl der Gästebereich als auch die Kinderzimmer haben einen ebenerdigen Zugang zum

RECHTS OBEN: Die Fassaden sind durch den Wechsel aus Betonflächen und großzügigen Verglasungen rhythmisiert. Zur Südseite legt sich der L-förmige Grundriss um eine alte Blutbuche. Bis in die Innenräume hinein bleibt die Farbenpracht des Baumes präsent.

RECHTS UNTEN: Hohe Decken geben dem zentralen Wohnbereich viel Licht und Luft. Die Fensterflächen lassen sich zur Terrasse öffnen. Diese ist in den Baukörper eingeschnitten und als überdachte Pufferzone zwischen Garten und Innenraum konzipiert.

Garten, der zum Eingang für unabhängige Wohnungen umfunktioniert werden kann. Dank dieses flexiblen Grundrisses bleiben den Bauherren verschiedene Optionen offen, das Zusammenleben mehrerer Generationen unter einem Dach zu organisieren.

Die Betonwände der soliden Halbfertigkonstruktion prägen das äußere Erscheinungsbild des Hauses. Um Installationen flexibel handhaben zu können, wurden die Innenwände teilweise mit Ziegeln gemauert und glatt verputzt. Zusammen mit den durchgehenden weißen Holzeinbaumöbeln und Innentüren ergibt sich so ein differenziertes optisches Wechselspiel an Farbtönen und Materialien wie dem dunkel eingefärbtem Zement der Böden im Gemeinschaftsraum und den warmen Eichendielen in den privaten Bereichen.

Zukunftsorientiert ist auch das Energiekonzept des Niedrigenergiehauses. Erdsonden mit einer Sole-Wasser-Wärmepumpe versorgen die Wohnräume mit angenehmer Strahlungswärme. Die thermische Aktivierung der Betondecken wurde unter die Halbfertigteilplatten gelegt und kann im Sommer zur Kühlung genutzt werden. Durch die hochwärmegedämmte Gebäudehülle und eine kontrollierte Lüftungsanlage mit Wärmerückgewinnung schrumpft der Primärenergiebedarf des Einfamilienhauses auf weniger als 40 kWh pro Quadratmeter und Jahr.

OBEN LINKS: Im Sommer nutzen die Bewohner die große Terrasse als zweites Wohnzimmer. So bleiben die Kinder im Blick und können den Garten trotzdem auf eigene Faust erkunden.

OBEN: Die seitlichen Gänge der Galerieebene (hinten im Bild) öffnen sich mit Durchblicken zum zentralen Wohnraum. Bei Bedarf können die Flächen aber auch abgetrennt werden, sodass zusätzliche eigenständige Wohneinheiten entstehen.

RECHTS: Die frei stehende Kochinsel fügt sich wie eine nüchterne Skulptur in den großzügigen Wohnraum. Über der rückwärtigen Küchenzeile versteckt liegt die Galerieebene. Sie ist optisch vom Wohnraum getrennt und doch mit ihm verbunden.

GANZ OBEN: Der Weg zu den Kinderzimmern ist hell und einladend, denn auch die Flure können als zusätzliche Spielflächen genutzt werden.

OBEN: Dem großen Bad im Obergeschoss sind das Schlafzimmer und ein eigener Ankleideraum zugeordnet. Der gesamte Seitenflügel wird so zum ruhigen Reich der Eltern.

OBEN: Die Spielgalerie ist optisch vom Wohnbereich getrennt und doch in Rufreichweite. Hier können sich die Kinder ausbreiten und müssen ihre Spielsachen abends nicht aufräumen. Später einmal, wenn der Nachwuchs größer ist, können die Flächen der Galerie beispielsweise als Arbeitsbereich genutzt werden.

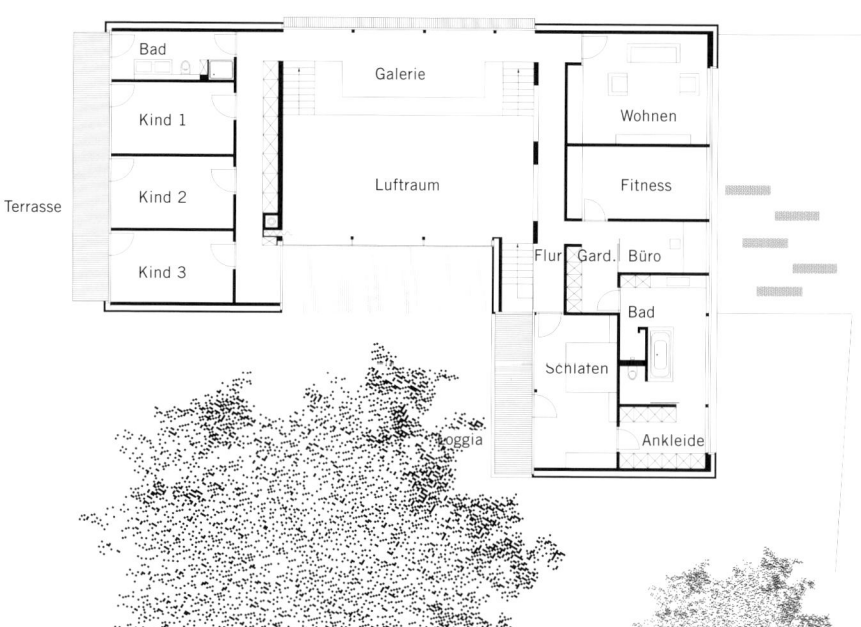

Obergeschoss

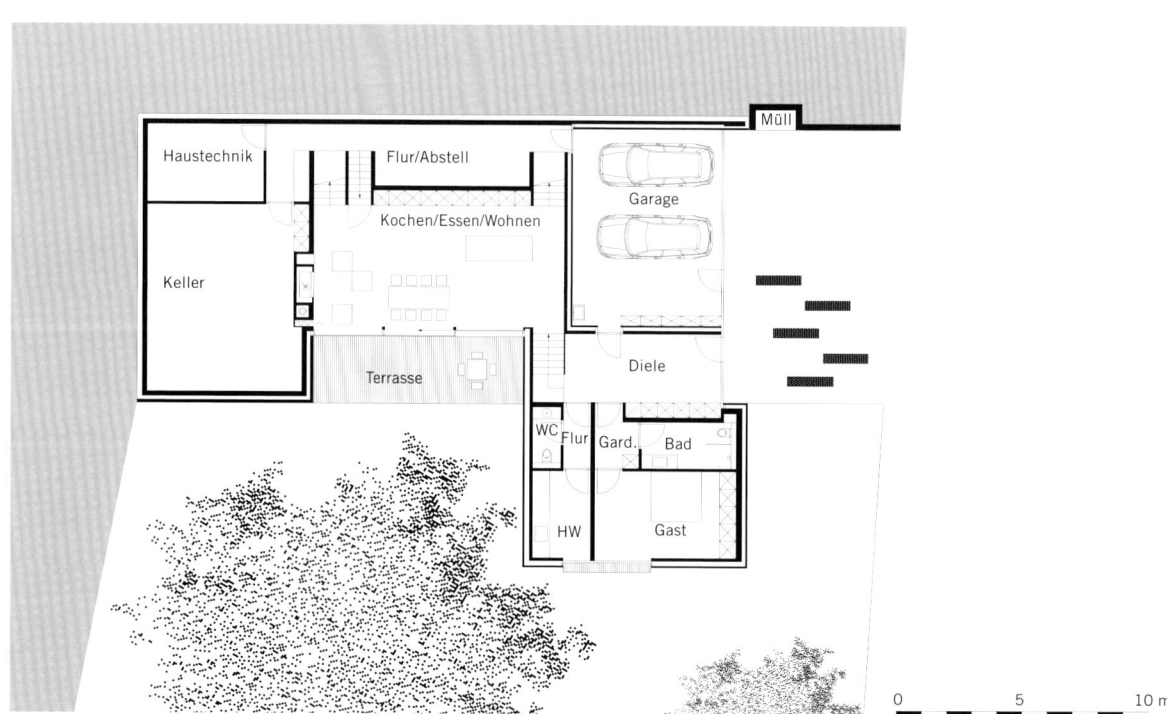

Erdgeschoss

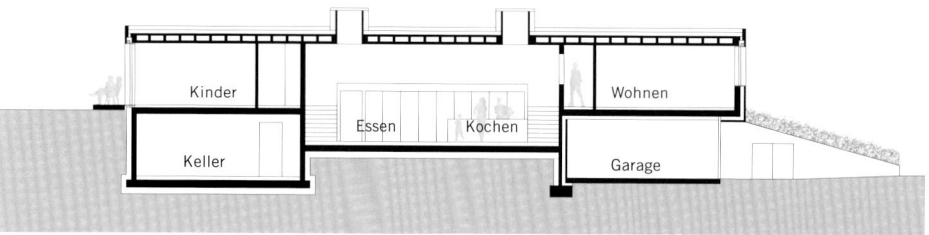

Längsschnitt

OBEN LINKS: Wenn die Sonne scheint, legt sich ein Spiel aus Licht und Schatten auf die Fassaden. Die Konturen von Blättern, Ästen und Bäumen verdichten sich dann zu einem bewegten Muster.

OBEN RECHTS: Zur Straßenseite gibt sich das Haus zweckmäßig und schlicht. Der Hauseingang und die Tore der Doppelgarage sind zurückgesetzt und überdacht. Im Obergeschoss öffnet sich ein schmales Fensterband, das die dahinterliegenden Räume mit Licht versorgt.

GEBÄUDEDATEN

Grundstücksgröße: 1.114 m²
Wohnfläche: 333 m²
Zusätzliche Nutzfläche: 136 m²
Anzahl der Bewohner: 5
Bauweise: Halbfertigteil-Betonwände und massive Ziegelwände
Baukosten gesamt: 805.380 €
Baukosten je m² Wohn- und Nutzfläche: 1.717 €
Heizwärmebedarf: 16,3 kWh/m²a
Primärenergiebedarf: 42,4 kWh/m²a
Fertigstellung: 2011

VORTEILE FÜR FAMILIEN

Auf der großen Galerie breitet sich das Reich der Kinder aus, in Rufweite zum Wohnbereich und dennoch als eigenständiger Bereich. Später einmal, wenn die Kinder groß sind, kann die Galeriefläche als Lese- und Arbeitsbereich genutzt werden.

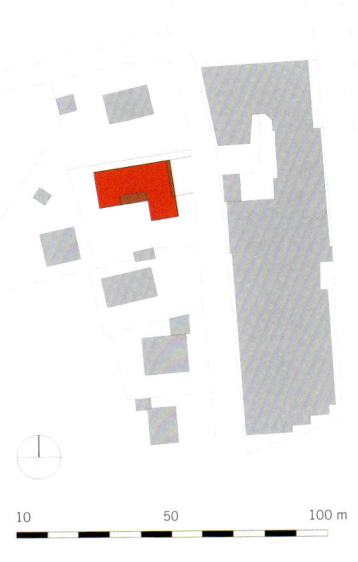

Lageplan

RALF PASEL UND FREDERIK KÜNZEL, PASEL.KÜNZEL ARCHITECTS

> *Beim Planen eines Einfamilienhauses können eigenwillige Umstände, wie Form und Lage des Grundstücks, zu völlig neuen Ansätzen für Wohnformen führen.*

AUSZEICHNUNG

HAUS FÜR ELTERN UND FÜR KINDER
Familiendomizil in Leiden (Niederlande)

Nieuw Leyden ist eins der größten privaten Wohnungsbauprojekte in den Niederlanden. In dem neuen Quartier auf einem ehemaligen Industrieareal in Leiden entstehen Apartmentblöcke, Reihenhäuser und Townhouses. Als die junge Bauherrenfamilie beschloss, aus ihrer dunklen und beengten Wohnung dorthin zu ziehen, überzeugte sie vor allem die zentrumsnahe Lage des schmalen Eckgrundstücks. Gemeinsam mit den beiden deutschen Architekten Frederik Pasel und Ralf Künzel vom Rotterdamer Büro pasel.künzel architects entstand der Plan, auf dem mehr als 30 Meter langen, schmalen Baugrund ein helles Einfamilienhaus zu errichten, das trotz der urbanen Dichte des neuen Stadtviertels viel Privatsphäre zulässt. »Jeden Tag genießen wir die Ferienatmosphäre und das viele Licht in unserem Haus«, zieht die Bauherrenfamilie heute zufrieden Bilanz.

Die Bebauungsvorschriften und die extreme, konisch zulaufende Grundstücksform waren ausschlaggebend für eine ungewöhnliche Grundrissorganisation. Die Schmalseiten des flachen Hauses sind jeweils von zweigeschossigen Gebäudekörpern begrenzt. Die beiden in den Obergeschossen getrennten Volumen nehmen die Rückzugsbereiche für die Kinder einerseits und für die Eltern andererseits auf. Noch bewohnt der zweijährige Sohn die Kinderetage allein. Mit einem zweiten Kinderzimmer jedoch greift der Grundriss der Familienplanung voraus.

Das durchgängige Erdgeschoss wiederum bietet Gemeinschaftszonen und fächert sie als großzügige Wohnlandschaft ohne Türen um einen 30 Quadratmeter großen Patio auf. Durch die großzügigen Glasflächen zum Hof bleiben das Wohnzimmer und der Essbereich mit Küche stets in Sichtkontakt zueinander und gehen optisch ineinander über. Lärchenlatten schotten den Hof von der Straße ab und geben ihm eine private Atmosphäre.

»Es war uns sehr wichtig, dass die beiden Gebäudeköpfe in einem engen Bezug zueinander stehen«, meint der Architekt Frederik Künzel. Die Treppen im Osten und Westen ordneten die Architekten deshalb so an, dass der Blick von der Kinder- zur Elterntreppe und zurück fällt. Zusätzlich verbindet eine große Dachterrasse, die um den Hof gelegt ist, die Rückzugsbereiche in den beiden ansonsten getrennten Obergeschossen.

RECHTS: Die beiden Kopfbauten des Hauses fassen im Obergeschoss das Reich der Kinder auf der einen und das der Eltern (Foto) auf der anderen Seite. Sie sind über eine große Terrasse verbunden und stehen in klarem Bezug zueinander, obwohl sie voneinander getrennt sind.

OBEN BEIDE: Die helle, durchgängige Wohnlandschaft im Erdgeschoss kommt ohne Türen aus. Der zentrale Patio gliedert den Grundriss und schafft durch bodentiefe Fensterflächen Bezüge zwischen dem Wohnzimmer und der Küche.

RECHTE SEITE LINKS: Wie Himmelsleitern führen vom zentralen Eingangsbereich aus zwei Holztreppen in die Kinder- und die Elternzone im Obergeschoss. Blickachsen sorgen dabei für Überschaubarkeit und schaffen klare Bezugspunkte zwischen den Treppenhäusern.

RECHTE SEITE MITTE: Das Gästebad im Erdgeschoss versteckt sich hinter einer platzsparenden Schiebetür.

RECHTE SEITE RECHTS: Die Küche öffnet sich mit einem horizontalen Fensterband zur Straßenseite. Sie beschränkt sich auf weiße Oberflächen und bekräftigt so den minimalistischen Duktus des gesamten Hauses.

So offen und freundlich sich das Haus in seinem Inneren zeigt, so sorgfältig grenzt es sich nach außen ab. Nur zwei schmale, horizontal liegende Fenster öffnen die weißen Fassaden und lenken den Blick von der Küche und vom Wohnzimmer auf die Straße. Das reduzierte Prinzip aus mal verputzten und dann wieder mit Lärchenholzlatten verkleideten Flächen haben die Architekten auch auf die Innenräume übertragen. Schlichte weiße Wände geben den insgesamt 228 Quadratmetern eine helle, freundliche Stimmung. Der Estrichboden ist an mehreren Stellen durch Holzdielen ersetzt. Erschien die extreme Länge des Grundstücks auf den ersten Blick als schwierige Voraussetzung für die Planung, so entpuppt sie sich heute als besondere Wohnqualität. Denn nichts schätzen die Bewohner mehr als die großzügigen Sichtachsen im Erdgeschoss des Hauses. Sie lenken den Blick ohne Unterbrechungen von der Küche über den Patio bis in den Wohnraum und von dort auf die Straße.

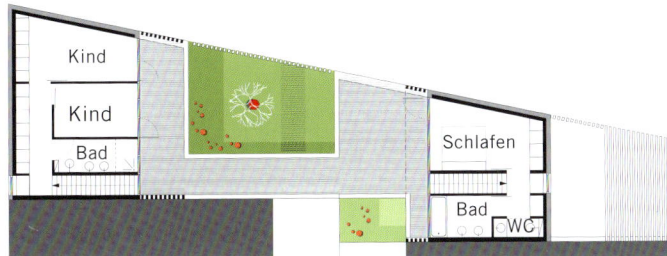
Obergeschoss

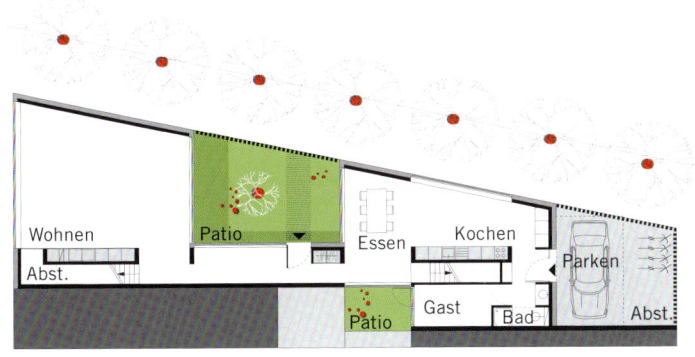
Erdgeschoss

Längsschnitt

GEBÄUDEDATEN

Grundstücksgröße: 205 m²
Wohnfläche: 228 m²
Zusätzliche Nutzfläche: 9 m²
Anzahl der Bewohner: 3
Bauweise: Kalksandstein, Beton und Holz
Baukosten gesamt: 370.000 €
Baukosten je m² Wohn- und Nutzfläche: 1.561 m²
Heizwärmebedarf: 71 kWh/m²a
Primärenergiebedarf: 125 kWh/m²a
Fertigstellung: 2011

VORTEILE FÜR FAMILIEN

Die Kinderzimmer und der Rückzugsbereich der Eltern sind im Obergeschoss klar voneinander getrennt. Sie befinden sich jeweils in den Kopfbauten – einem für die Kinder und einem für die Eltern. Das Erdgeschoss hingegen ist Gemeinschaftsbereich mit offenen Wohnräumen um einen sichtgeschützten Patio.

LINKS BEIDE: Lärchenholzlatten umhüllen den klaren Baukörper und wechseln sich im Rhythmus mit weißen Putzflächen und sparsam platzierten Fensterbändern ab. Obwohl sich das neue Familiendomizil in einem sehr dicht besiedelten Stadtteil befindet, bieten die Innenräume viel Privatsphäre für den Alltag.

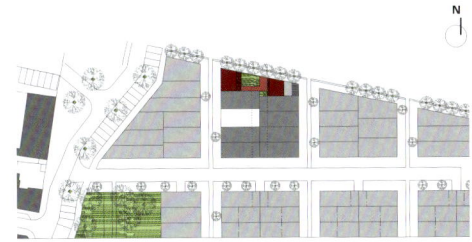
Lageplan

AMUNT ARCHITEKTEN MARTENSON UND NAGEL THEISSEN

» *Trotz des notwendigen Umbaus wollten wir den Charakter des Bestandsgebäudes bewahren und weiterentwickeln. Mit behutsamen Eingriffen wurde das räumliche Potenzial des ehemals kleinen, eher dunklen Siedlungshauses voll ausgeschöpft.* «

NEU ENTDECKTE QUALITÄTEN
Umbau und Sanierung eines Siedlungshauses in Aachen

Der große Garten auf dem Grundstück, das die Bauherren am Stadtrand von Aachen erworben hatten, schien ideal zum Toben für die Kinder. Doch mit 70 Quadratmetern Wohnfläche war das Siedlungshaus aus den 20er-Jahren des letzten Jahrhunderts zu klein für die fünfköpfige Familie. Deshalb entschieden sich die Eltern für ein ausgetüfteltes Umbau- und Sanierungskonzept, das die Wohnfläche nach den Plänen von Amunt Architekten ergänzte und neue Qualitäten schuf, ohne den Charakter des Hauses zu zerstören. Statt Abriss und Neubau wurde die vorhandene Bausubstanz neu organisiert und erweitert. Insgesamt 50 Quadratmeter zusätzliche Wohnfläche entstanden auf diese Weise, die das Einfamilienhaus um Gemeinschafts- und Rückzugszonen für Groß und Klein erweitert. Jedes der Kinder hat nun sein eigenes Zimmer.

Von der Straßenseite zeigt sich das Gebäude in seiner ursprünglichen Gestalt. Zum Garten jedoch offenbart sich ein heterogenes Bild. Die unverputzten Bims-Leichtbeton-Mauersteine des Anbaus sind im Reißverschlusssystem mit der ursprünglichen Klinkerfassade verzahnt. Ein zusätzlicher Giebel auf der Ostseite greift die Dachlinie des Nachbargebäudes auf. So entstand ein eigenwilliges Volumen, das die Formen und Materialien des Altbaus mit zeitgemäßen Mitteln interpretiert und sie mit nüchternen Formen fortsetzt.

Das neue Gartenzimmer im Erdgeschoss vermittelt atmosphärisch zwischen dem Haupthaus und dem Außenraum. Sein offenes Betonskelett umfasst einen großflächig verglasten Wohnraum, der den Blick über die Terrasse nach draußen lenkt. Die Ostfassade des Altbaus wurde zur Innenwand des Gartenzimmers umfunktioniert. Ihre roten, gereinigten Ziegel kontrastieren mit den weiß gelaugten Holzdielen und geben dem neuen Gemeinschaftsraum eine robuste, bodenständige Atmosphäre. Durch die räumliche Erweiterung erhält das Treppenhaus eine neue Funktion als Verbindung zwischen dem Altbau und seiner Erweiterung. Erdgeschoss und erster Stock sind durch die ochsenblutfarbene Holztreppe miteinander verbunden. Wie ein bunter Teppich liegt der rot-weiße Fliesenboden des Erdgeschossflurs mitten im Haus und organisiert den Grundriss mit ringförmig angeordneten Räumen und kurzen Wegen.

RECHTS: Die Gartenseite des 1920er-Jahre-Hauses wurde durch einen Anbau erweitert. Im Reißverschlusssystem sind die neuen Bims-Leichtbeton-Mauersteine mit der historischen Klinkerfassade verzahnt. So bewahrt das Haus seinen ursprünglichen Charakter und zeigt sich doch als zeitgenössische Interpretation des Bestands.

Dunkelrote Böden und Wandvertäfelungen signalisieren auch im Obergeschoss mit den privaten Rückzugsräumen die Verkehrsflächen. Insgesamt vier Schlafzimmer mit jeweils eigenem Charakter bieten Raum für die Eltern und die drei Kinder. In das neu eingebaute innenliegende Bad strömt über einen Deckenschacht Tageslicht. Im angrenzenden Kinderzimmer dient ein Teil der Badezimmerdecke als Schlafempore. Auf der Gartenseite sind im Anbau die zwei Kinderzimmer für die beiden Söhne der Familie entstanden. Ganz oben, im Dachspitz, können Gäste übernachten. Vom Flur aus führt eine Leiter in den großen Raum, den alle Familienmitglieder auch als ruhigen Rückzugsort nutzen.

Die Qualitäten der vorhandenen Bausubstanz zu stärken und zu ergänzen, war das Ziel der Architekten. Durch ihren geschickten Eingriff verwandelte sich das kleine Siedlungshaus in ein kompaktes Raumvolumen, das abwechslungsreiche Freiräume und Gemeinschaftszonen für den Familienalltag bietet.

LINKE SEITE LINKS: Vom zentralen Eingangsbereich führt eine Holztreppe in die Privatzonen im ersten Stock. Dunkelrote Wandvertäfelungen, Böden und Treppenstufen trennen die Erschließungsflächen optisch von den einzelnen Räumen.

LINKE SEITE RECHTS: Doppelter Boden: Die Flächen des nordwestlichen Kinderzimmers sind durch eine zusätzliche eingezogene Ebene erweitert. Die Empore wird als Spiel- und Rückzugszone genutzt. Ein Dachfenster lenkt viel Tageslicht in das Zimmer.

OBEN BEIDE: Das Obergeschoss wurde um zwei Zimmer für die ältesten Söhne erweitert. Das neue Bad erhält über einen Lichtschacht Tageslicht. Die Überlagerung der Raumhöhen nutzten die Architekten für die Schlafempore im angrenzenden Kinderzimmer. Insgesamt sind die robusten Ergänzungen des Umbaus einfach und zugleich alltagstauglich.

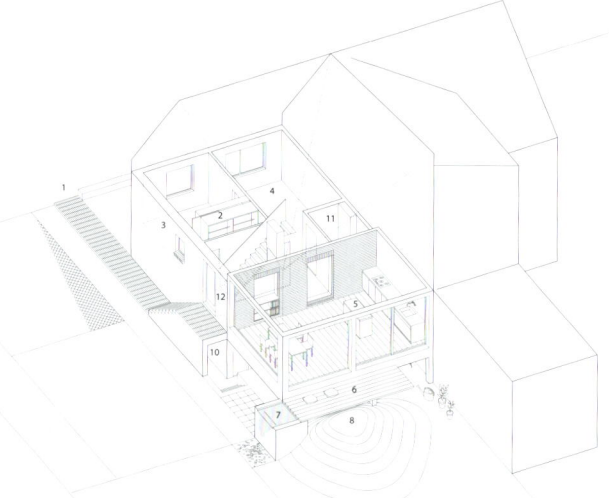

OBEN: Bodenständig und mit der Natur verbunden gibt sich das neue Gartenzimmer. Es liegt im Anbau des Hauses und wird an seiner Rückseite durch eine Klinkerwand abgeschlossen, die früher einmal Außenwand war. Gereinigt und als Innenwand umgenutzt, kommen die alten Ziegel neu zur Geltung.

Lageplan

Isometrie

1 Zugang Haus und Garten
2 Garderobe
3 Schaltraum
4 Kaminzimmer
5 Wohnküche
6 Terrasse als Podest
7 Regenwasserbecken
8 Halde
9 Kellerzugang
10 Abstellraum
11 Dusche/WC
12 Eingangshalle/ Zugang Obergeschoss

Schwarz = Bestandsgebäude
Rot = Zubau/Ergänzung

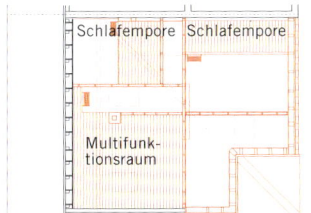

Dachspitz

Obergeschoss

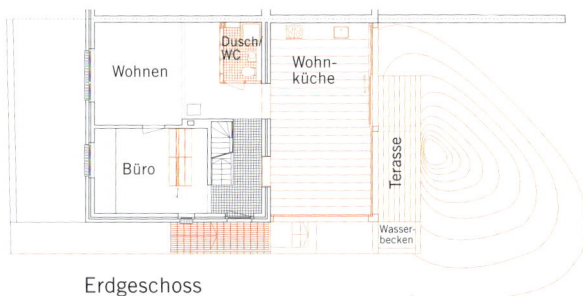

Erdgeschoss

0   5 m

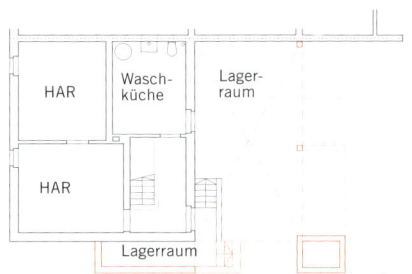

Untergeschoss

RECHTS: Das Gartenzimmer wird von einer absichtlich schlicht gehaltenen Holzterrasse ins Grüne erweitert. Eine ideale Plattform, um laue Sommerabende zu genießen.

GEBÄUDEDATEN

Grundstücksgröße: 632 m²
Wohnfläche: 133 m²
Zusätzliche Nutzfläche: 60 m²
Anzahl der Bewohner: 5
Bauweise: massives Mauerwerk mit Klinkerfassade
Baukosten gesamt: 190.000 €
Baukosten je m² Wohn- und Nutzfläche: 984 €
Heizwärmebedarf: 78 kWh/m²a
Primärenergiebedarf: 91,6 kWh/m²a
Fertigstellung: 2011

VORTEILE FÜR FAMILIEN

Das zentrale Treppenhaus des Altbaus organisiert die Räume ringförmig und mit kurzen Wegen. Zusätzlich zu den privaten Zimmern gibt es Rückzugsmöglichkeiten innerhalb der Gemeinschaftsräume. So können sich Groß und Klein den passenden Ort für verschiedene Aktivitäten aussuchen.

HENNING BAURMANN, BAURMANN.DÜRR ARCHITEKTEN

» *Kurze Wege und eine sinnfällige Grundrissorganisation sind entscheidend für ein familientaugliches Haus. Außerdem wollten die Eltern auf der Kinderebene schlafen, um nahe bei den Kleinsten zu sein. So kam es zur Dreigliederung der Ebenen.* «

SONNIGES FAMILIENREICH
Umbau und Sanierung eines 1960er-Jahre-Hauses in Karlsruhe

Bewusst entschied sich die junge Bauherrenfamilie für die Sanierung eines 1960er-Jahre-Hauses anstatt für einen Neubau. Mit drei kleinen Söhnen wollten die Eltern auch weiterhin in ihrem vertrauten Umfeld und Viertel wohnen bleiben. Doch freie Grundstücke gab es in der Karlsruher Weststadt nicht. So erwarben die Bauherren schließlich ein Bestandsgebäude, das zwar kein architektonisches Schmuckstück war. Trotzdem hatte das Grundstück einen besonderen Charme. »Wir haben einen wunderschönen Garten mit alten Bäumen«, schwärmt die Bauherrin. »Mit drei kleinen Jungs ist das wichtig zum Fußballspielen.« Nach den Plänen von baurmann.dürr architekten wurde das Bestandsgebäude zu einem modernen, auf die Bedürfnisse seiner Bewohner zugeschnittenen Einfamilienhaus umgebaut, das sich im Alltag bewährt. Mit wenigen Eingriffen in die Struktur öffneten die Architekten die ursprünglich dunklen Räume zu einem freundlichen und aufgeschlossenen Familienreich. Nach dem Umbau sind die Fassaden des Satteldachhauses dunkel verputzt und kontrastieren mit hellen Lärchenholzfenstern. Die ursprüngliche Erbauungszeit ist heute nicht mehr erkennbar.

Nach dem Wunsch der Bauherren ist der Grundriss durch die klare Funktionstrennung der einzelnen Geschosse organisiert. In den Gemeinschaftszonen im Erdgeschoss wurde dem entsprechend ein robuster Estrich verlegt. Essbereich und Küche öffnen sich mit raumhohen Fenstern und verglasten Türen zu den vorgelagerten Terrassen und zum Garten. In die Wände eingelassene Schiebetüren trennen das Wohnzimmer im Nordosten bei Bedarf von den restlichen Gemeinschaftsflächen. Das Herzstück des Hauses ist die Küche, deren liegendes Kastenfenster sich zur Straße orientiert. »Wir nennen es Schaufenster«, so die Bauherrin. »Hier sitzen die Kinder oft und schauen nach draußen.« Stauraum gibt es in ihrem neuen Domizil genügend. Denn im gesamten Haus sind die Flurwände rundherum mit unterschiedlichen, teils weiß lackierten und teils aus Eichenholz gefertigten Einbauschränken bestückt. Jede Nische kann so genutzt werden und »überall lässt sich etwas öffnen, schieben oder klappen«, so die Architekten zu ihrem Konzept für den

RECHTS: Von außen sieht man dem stattlichen Familiendomizil nicht an, dass es kein Neubau, sondern ein Umbau ist. Die dunklen Fassadenflächen strecken sich bis zum Giebel und werden insbesondere auf der Gartenseite durch Glas- und Holzelemente aufgelockert.

62

LINKS: Dem Wunsch der Bauherren entsprechend ist der Wohnbereich im Erdgeschoss als fließende Zone konzipiert, die sich zum Garten öffnet.

LINKS UNTEN: Dem Essbereich im Wohnraum ist die Küche zugeordnet. Sie lässt sich wie alle ebenerdigen Gemeinschaftsflächen nach draußen erweitern. An schönen Tagen ist der Essplatz der Familie im Freien, auf der Terrasse.

RECHTS OBEN: Ein schmales, horizontales Fensterband belichtet die Arbeitsfläche in der Küche. Barhocker verbreiten eine informelle, private Atmosphäre.

RECHTS: Das zusätzliche Wohnzimmer ist durch eine Schiebetür von der allgemeinen Wohnzone im Erdgeschoss getrennt. So entsteht ein ruhiger Rückzugsort abseits der Gemeinschaftsflächen. Auch hier sind die Wände wie im gesamten Haus als Funktionsträger konzipiert. Sie fassen unauffällige Einbauschränke mit viel Stauraum.

Innenausbau. Den Grundriss des Bestandsgebäudes haben sie auf geschickte Weise gestrafft, sodass ein großzügiger Eingangsbereich mit Windfang, Entree und Garderobe entstanden ist. Die halbgewendelte Treppe verbindet die einzelnen Etagen als durchgängiges, optisch schwingendes Element miteinander. Solange die Kinder noch klein sind, schlafen die Eltern im ersten Stock neben den Kinderzimmern, die sich klassisch entlang des Flurs aufreihen. Böden in geöltem Stabparkett aus Roteiche schaffen eine private Atmosphäre, die sich bis unter das Dach des Hauses fortsetzt. Neben dem kleinen Atelier, das die Bauherrin zum Weben von Teppichen nutzt, befindet sich im Dachgeschoss auch ein Gästezimmer und ein weiteres Schlafzimmer. Wenn die Kinder groß genug sind, werden die Eltern ihren Rückzugsbereich vom ersten Stock hierher in das ruhige Dachgeschoss verlagern.

LINKS BEIDE: Die Garderobe im Eingangsbereich ist in geschlossenem Zustand unsichtbar. Ihre weiß lackierten Oberflächen bilden eine Einheit mit den Wänden. Öffnet man die Schranktüren jedoch, so fällt der Blick auf die Eichenholzoberflächen des sorgfältig verarbeiteten Innenlebens mit Kleiderstange samt Hutablage und Garderobenschüben.

UNTEN BEIDE: Blickfang: In den Obergeschossen und auf der zentralen Treppe ist Stabparkett aus geölter Roteiche verlegt. Durch seine eleganten Rundungen wird das Treppenhaus zum galerieartigen, skulpturalen Raum, der sämtliche Etagen verbindet.

OBEN: Solange die Kinder noch klein sind, schlafen die Eltern auf derselben Ebene wie der Nachwuchs. Ihr Schlafzimmer öffnet sich auf einen eigenen Balkon.

UNTEN: Farbenfroh oder zeitlos und nüchtern? An der Gestaltung der Badezimmer lässt sich erkennen, wer die Nutzer sind. Im Kinderbad sind blaue Mosaiksteine verlegt, nüchtern und edel hingegen gibt sich das Pendant der Eltern.

GEBÄUDEDATEN

Grundstücksgröße: 1.140 m²
Wohnfläche: 330 m²
Zusätzliche Nutzfläche: 72 m²
Anzahl der Bewohner: 5
Bauweise: Bimsbetonmauerwerk (Bestand) und Wärmedämmverbundsystem
Baukosten gesamt: 700.000 €
Baukosten je m² Wohn- und Nutzfläche: 1.750 €
Heizwärmebedarf: 12,5 kWh/m²a
Primärenergiebedarf: 73,0 kWh/m²a
Fertigstellung: 2011

VORTEILE FÜR FAMILIEN

Die Flurwände sind im gesamten Haus mit Holzeinbauschränken versehen, die in geschlossenem Zustand neben den weiß verputzten Wänden nahezu unsichtbar bleiben. Jede noch so kleine Nische kann auf diese Weise als praktischer Stauraum genutzt werden.

UNTEN: Statt für einen Neubau entschieden sich die Bauherren dazu, ein 1960er-Jahre-Haus umzubauen. Nach dem Eingriff der Architekten sind die früheren Strukturen kaum noch erkennbar.

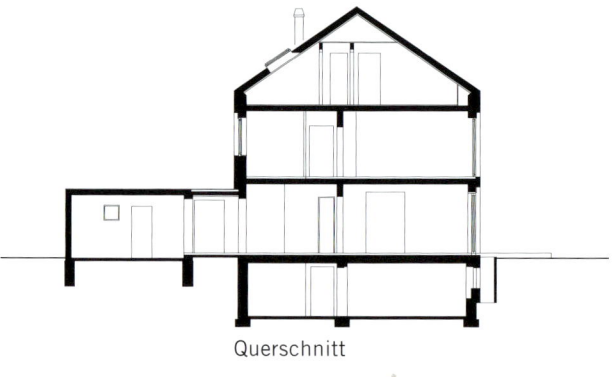

Querschnitt

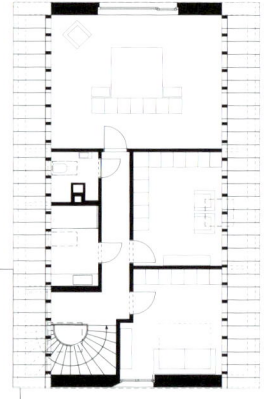

Dachgeschoss

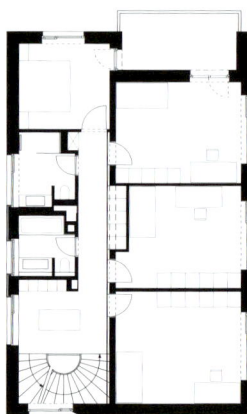

Obergeschoss

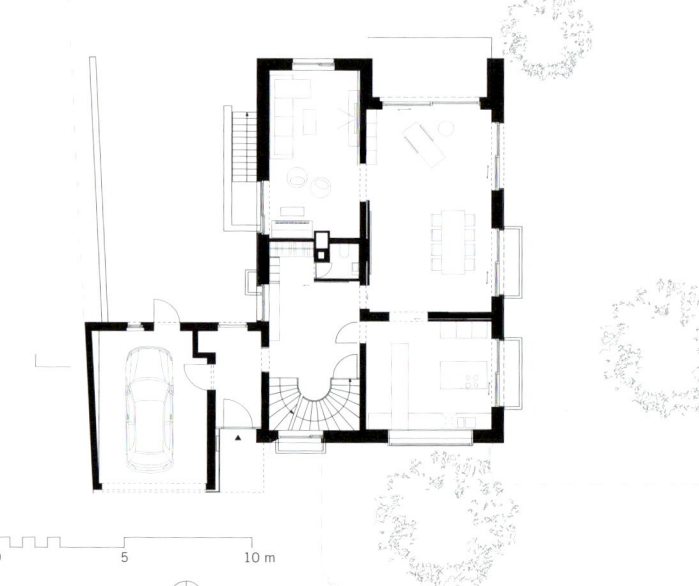

Erdgeschoss

Lageplan

RECHTS BEIDE: Zur Straße schottet sich das Giebelhaus samt der seitlichen flachen Garage weitgehend ab. Die Gartenseite hingegen ist offen konzipiert und lässt die Natur zu einem Teil des Wohnens werden.

RALF HEINZ WEITH UND CHRISTOPH BIEHLER, BIEHLER WEITH ASSOCIATED

» Das Gebäude entwickelt sich von einem dynamischen gemeinschaftlichen Bereich hin zu den darüberliegenden privaten Räumen. «

BETONUFO IM GRÜNEN
Villa am Bodensee (Schweiz)

Zwischen den umliegenden historischen Häusern sticht die neue Villa klar heraus wie ein schnittiges Ufo, das in der grünen Hügellandschaft am schweizerischen Bodenseeufer gelandet ist. Der weit auskragende Baukörper aus Beton stapelt seine Geschosse auf einem quer gelagerten Sockel und streckt sich mit Blick auf die Insel Reichenau nach Norden aus. Das Obergeschoss ist um 90 Grad gedreht und öffnet sich wie ein Guckkasten auf das Panorama.

Das neue Zuhause der dreiköpfigen Bauherrenfamilie scheint mit expressiver, kraftvoller Geste die Gestaltungskonventionen von Einfamilienhäusern hinter sich gelassen zu haben. Kantige Vor- und Rücksprünge sowie dynamische Linien charakterisieren den Baukörper. Vor der Gartenseite breiten sich Terrassen und Balkone mit Glasbrüstung aus. Diese Flächen sind teilweise überdacht und durch eine außenliegende skulpturale Wendeltreppe miteinander verbunden.

Die Innenräume haben die Architekten Bieler Weith Associated in eine luftige Komposition mit knapp 300 Quadratmetern Wohnfläche gefasst, deren Atmosphäre durch den malerischen Ausblick geprägt ist. Die kerngedämmte Betonkonstruktion mit 60 Zentimeter dicken Wänden ist zum See und zum Garten hin beinahe vollständig verglast. Durchblicke und Ausblicke lassen die Bereiche und Geschosse locker ineinander und weiter in die Landschaft fließen. Der vielschichtige und abwechslungsreiche Raum, der so entsteht, fasst im Erdgeschoss die gemeinschaftlich genutzten Flächen zusammen. Das zentrale Treppenhaus öffnet einen Luftschacht in den ersten Stock. Es wird durch ein reduziert gestaltetes Holzmöbel von den Aufenthaltsflächen im Erdgeschoss getrennt und zelebriert den Ausblick in die Landschaft durch große Fenster und ein Podest. Von dieser Zwischenebene aus bleibt auch der Wohnraum im Überblick.

Im oberen Geschoss befinden sich das Kinderzimmer und, in der Auskragung, die sich bis zu 8 Meter weit in die Landschaft streckt, der Rückzugsbereich der Eltern mit bester Aussicht auf den See. Auch das Untergeschoss orientiert seine bodentiefen Fensterflächen zur Natur und wird als Arbeitsbereich genutzt. Das golden gestrichene Treppenhaus, das dorthin führt, sticht aus den ansonsten weißen Wänden und den Böden aus Zementestrich hervor. Die Büroräume selbst sind mit Sichtbetonwänden und Glasabtrennungen zum Flur nüchtern und sachlich gehalten.

RECHTS: Vielseitige Treppen, Vorsprünge und Terrassen ergänzen die Wohnflächen der Villa. Sie lenken den Blick über die Hügel auf den Bodensee. Für jede Gelegenheit gibt es den passenden Außenraum.

OBEN LINKS: Das große Wohnzimmer ist das Herzstück des Hauses. Türen gibt es im gesamten Erdgeschoss nicht, stattdessen gehen die Räume wie ein fließendes Kontinuum ineinander über.

GANZ LINKS: Der Weg zu den privaten Rückzugsräumen im Obergeschoss wird von Ausblicken ins Grüne begleitet. Die Fensterbänder sind ebenso wie das Treppengeländer mit schnittigen Konturen gestaltet, welche die Dynamik des Raumerlebnisses steigern.

LINKS: Das zentrale Holzmöbel im Erdgeschoss dient als Raumteiler und als Regal. Es gliedert die Flächen des Wohnbereichs, ohne sie strikt zu trennen.

OBEN: Die exponierte Lage der Villa bietet vielfache Panoramablicke auf den Bodensee im Norden. Die Raum- und Aussichtsachsen in verschiedene Richtungen entsprechen dem Entwurfsprinzip der Architekten, Innenräume und Fassadengestaltung als Einheit zu behandeln.

LINKS OBEN UND MITTE: Auch im Badezimmer ist die Landschaft dank großzügiger Verglasungen präsent. Im auskragenden Obergeschoss sind Schlafzimmer und Bad als private, funktionale Einheit miteinander verbunden.

LINKS UNTEN: Die Ankleide ist mit minimalistischen Holzmöbeln ausgestattet, die zugleich Ablagemöglichkeiten und Staufläche bieten oder als Sitzgelegenheiten dienen.

RECHTS: Kantige Formen prägen das eigenwillige Äußere des Hauses. Der ausdrucksstarke Baukörper wird durch eine leichte Wendeltreppe aufgelockert. Als spielerisches Element verbindet sie die Terrassen miteinander.

UNTEN ALLE: Während sich die oberen Etagen mit ihren weiß verputzten Wänden nüchtern geben, sind die Flächen im Untergeschoss in Gold gehalten. Hier befinden sich die ruhigen Büroräume der Bauherren, die mit Blick auf den See arbeiten.

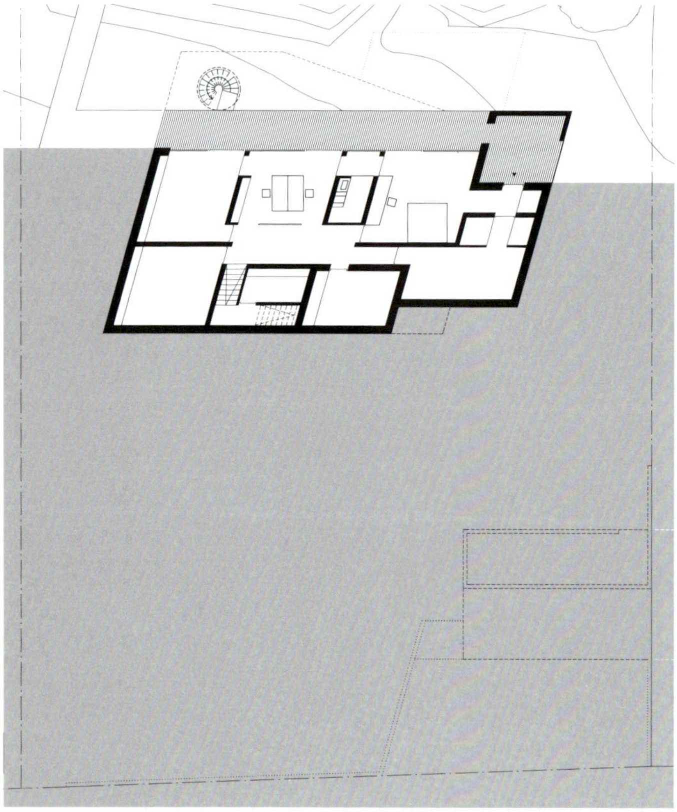

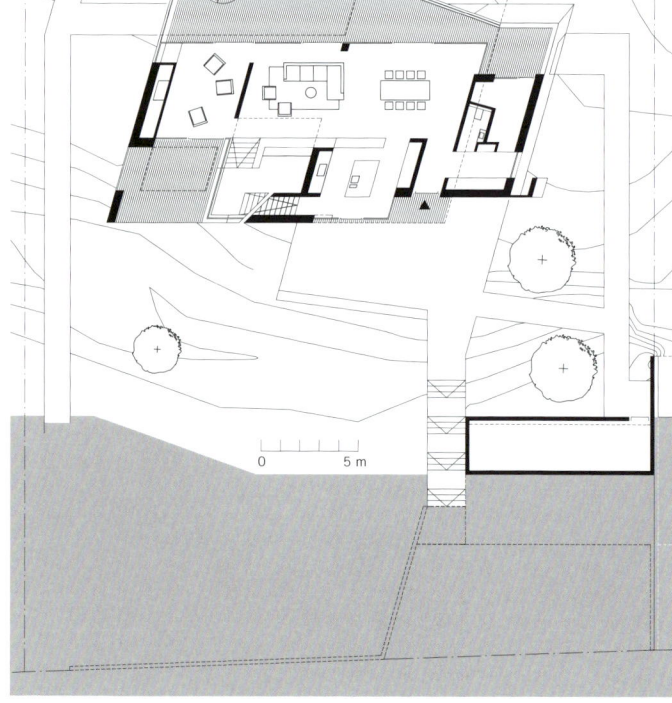

Ebene -1

Ebene 0

LINKS: Wie ein Ufo nach der Landung wirkt die Eingangsseite des Betonhauses. Von seinen Nachbarn setzt sich der futuristische Bau durch seine schnittigen Konturen klar ab.

GEBÄUDEDATEN

Grundstücksgröße: 1.800 m²
Wohnfläche: 299 m²
Zusätzliche Nutzfläche: 219 m²
Anzahl der Bewohner: 3
Bauweise: Stahlbeton massiv
Baukosten: keine Angabe
Fertigstellung: 2011

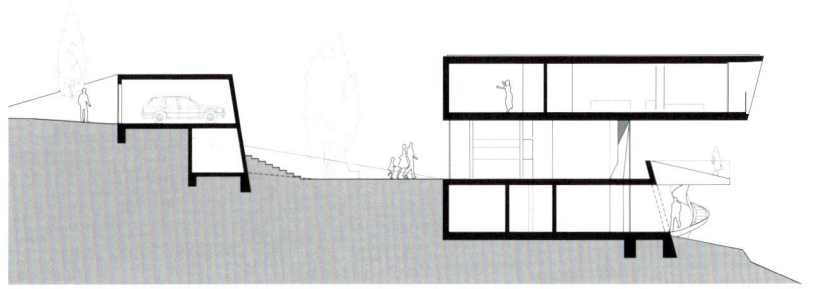

Querschnitt

VORTEILE FÜR FAMILIEN

Mit flexiblen Bereichen, die zum Spielen, Lesen oder Arbeiten genutzt werden können, reagiert der großzügige Grundriss des Hauses auf Veränderungen im Lebenszyklus seiner Bewohner. Die vielschichtigen Außenbereiche erweitern den Lebensraum für Groß und Klein.

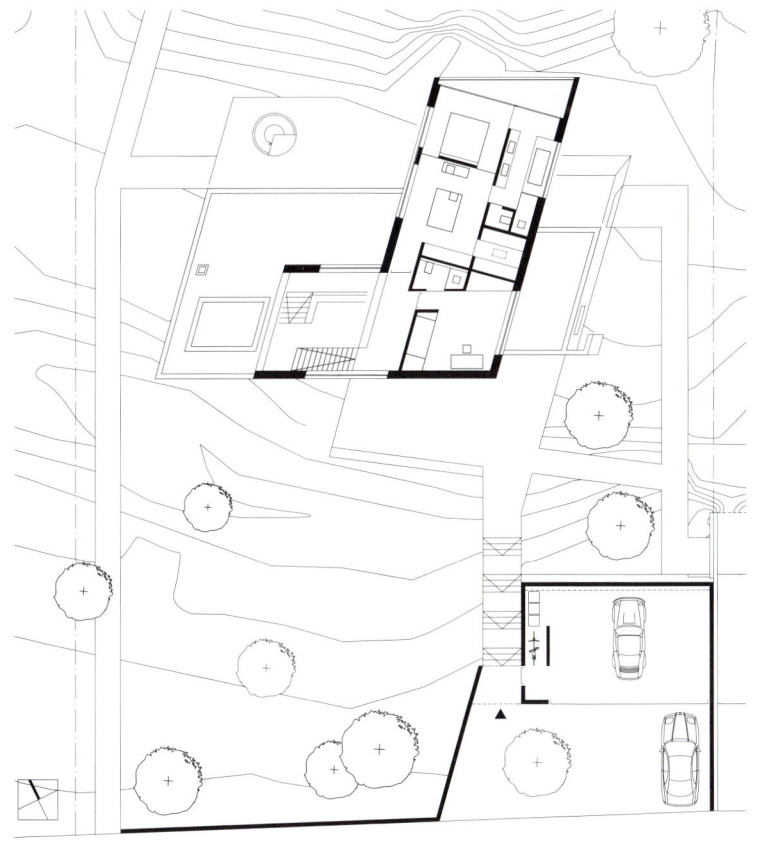

Ebene 1

Lageplan

ALEXANDRA BUB, BUB ARCHITEKTEN

> *Ein offenes Haus, das Leben mit Kindern und Arbeiten unter einem Dach ermöglicht, war Ziel der Grundrissgestaltung. Die Wohnräume sind großzügig und repräsentativ, die Arbeit im Architekturbüro ist von Licht und Ruhe geprägt.*

TRADITIONSREICHES FAMILIENLOFT
Sanierung eines Fachhallenhauses in Hamburg

Stolz breitet das historische Fachhallenhaus sein ausladendes Satteldach zwischen den modernen Stadtvillen aus. Als schmuckes Relikt vergangener Zeiten erinnert es daran, dass die stadtnahe Wohngegend in Hamburg-Othmarschen früher einmal ein Dorf war. Als die Architektin Alexandra Bub das Bauernhaus aus dem Jahr 1875 erwarb, war seine Struktur bereits in Teilen wiederaufgebaut. Ein Brand hatte die alte Bausubstanz in den 1970er-Jahren bis auf die massiven Außenmauern zerstört. Die erneute Kernsanierung sollte konstruktive Fehler des früheren Wiederaufbaus beheben, das ursprüngliche stolze Erscheinungsbild des Hauses wiederherstellen und außerdem Räume zum Arbeiten und Wohnen für die vierköpfige Architektenfamilie schaffen.

Im ehemaligen Stall und in der Scheune des Hauses befindet sich heute ein ebenerdiger loftartiger Wohnbereich. Hier treffen sich im Alltag Groß und Klein zum Spielen, Essen oder Entspannen. »Die große Diele lädt an Wochenenden dazu ein, mit Freunden gemeinsam zu kochen und an der großen Tafel zu essen«, so die Bauherrin und Architektin. Das ehemalige Scheunentor ließ sie verglasen, sodass der Blick vom Wohn-, Ess- und Küchenbereich durch das große Sprossenfenster in den Garten fällt und die Morgensonne ins Innere strömt. Mächtige Holzbalken, die wie die Decken und Wände ganz in Weiß gehalten sind, durchziehen den Raum. Ein Durchbruch in der Dielendecke öffnet sich zu einem Galerieraum, der das Erdgeschoss zusätzlich von oben belichtet und den dreigeschossige Dachraum offen erschließt. Filigran und leicht wirken die Holzstufen und das Stahlgeländer der Treppe, die vom Zentrum des Wohnraums in die Obergeschosse führt, ohne den großzügigen Raumeindruck zu stören. »Oft umtoben die Kinder auf der Galerie die fröhliche Runde mit Freunden«, beschreibt die Mutter den ungezwungenen Alltag in ihrem neuen Domizil. Manchmal gleicht das lebendige Erdgeschoss des Hauses, in dem offenporige Holzdielen einen ländlichen und ursprünglichen Charme verbreiten, einem belebten Bienenkorb. Jeder findet hier seinen eigenen Bereich und bleibt trotzdem mit den anderen in Blickkontakt.

RECHTS OBEN: Großzügige Wohnküche: Unter den mächtigen Holzbalken der Tragkonstruktion wirkt der zentrale Wohnraum zeitgenössisch modern und zugleich traditionsbewusst. Eine schlichte Stahltreppe führt in die oberen Stockwerke.

RECHTS UNTEN: Unterschiedliche Deckenhöhen gliedern den zentralen Wohnbereich in abwechslungsreiche Zonen. Kochen mit Freunden, entspannen vor dem Kamin, spielen mit den Kindern: Für jede Gelegenheit gibt es hier den passenden Platz.

Die Bautradition und historische Vorbilder waren die Leitbilder für die Sanierung des Hauses. Die Holzdecken ließ die Architektin in der für Fachhallenhäuser typischen Konstruktionsart erneuern. Acht Zentimeter dicke Holzbohlen spannen die Massivdecken zwischen den offenen Holzbalken des Hauses. Um das Sichtmauerwerk der historischen Ziegelfassade zu erhalten, wurden die Innenwände kapillaraktiv gedämmt. So kann die anfallende Feuchtigkeit während der kalten Wintermonate nach innen austrocknen.

Ganz oben, unter dem spitzen Giebel des Hauses, schlafen die Eltern mit Blick über die Eichenkronen in den Himmel. Während die Kinderzimmer im ersten Stock und damit nahe an den Gemeinschaftszonen und der Spielgalerie platziert sind, liegt das Architekturbüro von Alexandra Bub im zweiten Stock. »Die Arbeit hier ist von Licht und Ruhe geprägt«, so die Architektin. Sie hat die Flächen von insgesamt 250 Quadratmetern so strukturiert, dass Wohnen und Arbeiten unter einem Dach möglich sind, ohne dass dadurch räumliche Einschränkungen im Alltag entstehen.

OBEN LINKS: Durch das große Sprossenfenster strömt die Morgensonne in den Wohnbereich. Die offenporigen Holzdielen sind robust und kindererprobt. Sie geben dem Haus außerdem eine ländliche Note.

OBEN: Im zweiten Stock hat die Bauherrin ihr Architekturbüro eingerichtet – in einem hellen und ruhigen Raum, dessen Wände und Holzdecke wie im gesamten Haus weiß gehalten sind.

RECHTS: Zeitlos wirken die Bäder des Hauses. Der hölzerne Unterschrank des Wachtischs bietet Stauflächen.

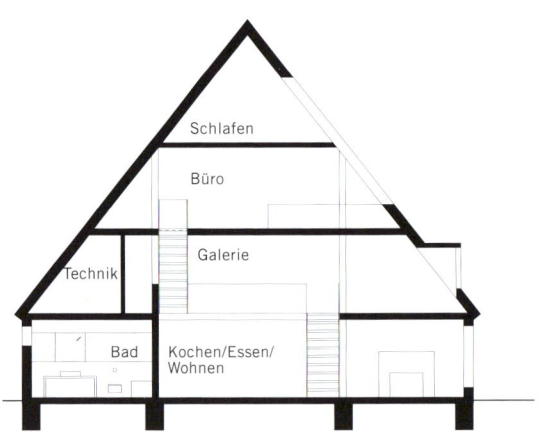

OBEN: Die Giebelseite des historischen Fachhallenhauses präsentiert sich nach dem Umbau als stolzes Prachtstück. Um das Sichtmauerwerk zu erhalten, wurden die Wände von innen gedämmt.

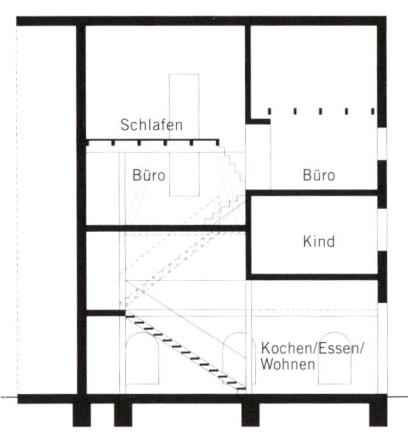

Schnitt A

Schnitt B

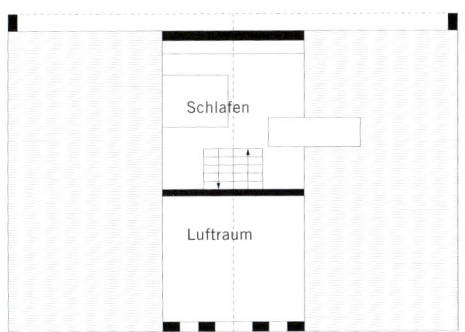

Dachgeschoss 3

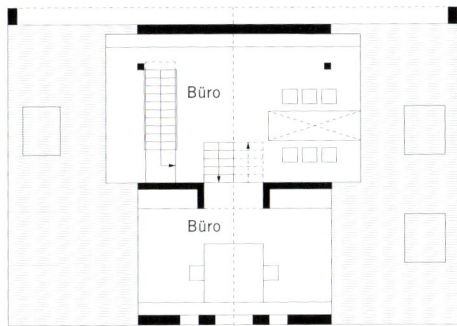

Dachgeschoss 2

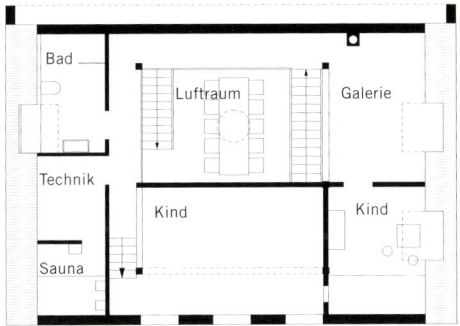

Dachgeschoss 1

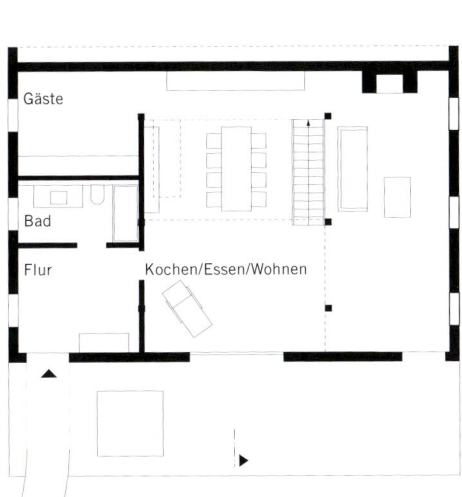

Erdgeschoss

GEBÄUDEDATEN

Grundstücksgröße: 2.000 m²
Wohnfläche: 250 m²
Zusätzliche Nutzfläche: 10 m²
Anzahl der Bewohner: 4
Bauweise: außen massive Ziegelwände, innen Holzkonstruktion
Baukosten: keine Angaben
Heizwärmebedarf: 67,3 kWh/m²a
Primärenergiebedarf: 76,3 kWh/m²a
Fertigstellung: 2011

VORTEILE FÜR FAMILIEN

Der Alltag konzentriert sich auf den loftartigen Wohnraum. Jeder findet hier einen eigenen Bereich – von der Spielzone auf der Galerie bis zur Kochinsel und den Rückzugsbereichen im Erdgeschoss. So bleiben alle Familienmitglieder in Blickkontakt und trotzdem findet jeder seinen eigenen Bereich.

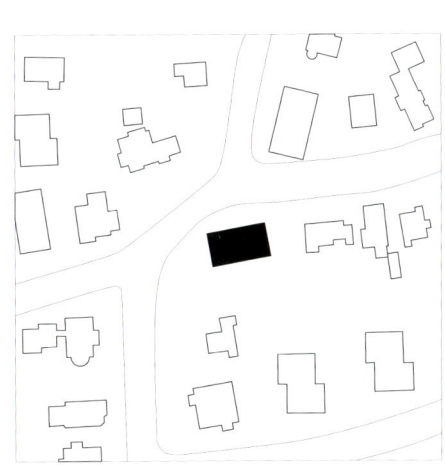

Lageplan

MARTIN HALLER, GÜNTER KATHERL UND ULRICH ASPETSBERGER, CARAMEL ARCHITEKTEN

» *Gemeinsam mit den Bauherren haben wir aus dem Grundstück ein großes Innen- und Außenwohnzimmer gemacht. Alle Freiräume und die Dachflächen sind als lebendiger Landschaftsgarten gestaltet.* «

SCHWUNG FÜR DEN ALLTAG
Familiendomizil in Wien

Mehr Platz für den Alltag mit Kindern und ein Wohnbereich, der sich im Sommer in den Garten ausdehnt: All das wollte die junge Bauherrenfamilie, als sie den Entschluss fasste, von einer beengten Innenstadtwohnung an den Stadtrand von Wien zu ziehen.

Mit der Hilfe von Caramel architekten entstand im Südwesten des Zentrums ein neues Einfamilienhaus, das insgesamt 300 Quadratmeter Wohnfläche mit unterschiedlichem, mal gemeinschaftlichem und mal privatem, Charakter auf drei Ebenen verteilt. Im Südwesten öffnen die Architekten das Niedrigenergiehaus zum Garten. Dabei verbindet die geschwungene Fassade Innen- und Außenbereiche zu einer fließenden Fläche, die Offenheit garantiert und zugleich die Privatsphäre des Familienlebens wahrt. Während die auskragenden Obergeschossfassaden mit semitransparenten Polycarbonatplatten verkleidet sind und das Licht gefiltert in die Schlafräume streuen, öffnet sich das Erdgeschoss über die gesamte Gartenseite mit Glasschiebeelementen ins Grüne. Terrassen und Rasenflächen erweitern den zentralen Wohnraum nach draußen. Ein Außenvorhang greift die sanfte Kurvenlinie der Fassade auf, schützt die Wohnräume vor direkter Sonne und verwandelt sie bei Bedarf in intime Rückzugszonen. Seitlich platzierten die Architekten einen eingeschossigen Erweiterungsbau mit Flachdach, der den Schwung des Haupthauses aufgreift und zu Ende führt. In ihm befindet sich der Wellnessbereich mit Sauna und Whirlpool.

Der Familienalltag findet hauptsächlich im Erdgeschoss des Haupthauses und im Sommer auch im Garten statt. Gekocht wird mit Blick ins Grüne. Küche, Essbereich und Wohnzimmer gehen ineinander über und sind durch eine schwebende Zwischenwand, die den Kamin enthält, optisch voneinander abgesetzt. Weiße Möbeleinbauten nehmen die Kurvenlinien der abgerundeten Pool- und Terrassenformen auf. Futuristischen Flair verbreitet auch die Sitzgrube im Wohnbereich – ihr grasgrüner Teppich wirkt optisch wie eine Rasenfläche.

RECHTS OBEN: Dynamisch geschwungen und offen präsentiert sich das Haus zur Gartenseite. Die Fassaden der Obergeschosse sind mit transluzenten Polycarbonatplatten verkleidet, die sich wie ein schillerndes Kleid um den kantenfreien Baukörper legen.

RECHTS UNTEN: Das Erdgeschoss ist als offene Wohnzone in einem durchgängigen Raum konzipiert und wird durch ein schwebendes Regal in zwei Zonen geteilt. Die durchgängige Fensterfront lenkt den Blick ins Grüne und holt den Garten nach innen.

LINKS BEIDE: Der grüne Teppich im tiefergelegenen Wohnbereich stellt einen optischen Bezug zur Rasenfläche des Gartens her. Die Kinder nutzen den Bereich gerne auch zum Spielen und Toben.

RECHTS OBEN: Innen und außen, Terrasse und Wohnbereich verschmelzen zu einer Einheit.

RECHTS: Auch der gesonderte, private Wellnessbereich öffnet sich ins Freie und erhält durch ein Glasdach zusätzliches Tageslicht.

Vom gesamten Erdgeschoss aus behalten die Eltern den Garten im Überblick. So können die Kinder im Freien spielen und sind trotzdem in Reichweite. Solange die Kinder noch klein sind, ist der Swimmingpool im Garten durch eine Absperrung gesichert.

Klassisch sind die Eltern- und Kinderschlafzimmer im ersten Stock entlang eines Flurs aufgereiht. Ganz oben, unter dem Dach, befindet sich ein ruhiges Büro mit Terrasse und Dachgarten – eine Freifläche, die vor allem die Eltern zum Rückzug und zur Entspannung nutzen.

OBEN BEIDE: Der Flur im ersten Stock wechselt regelmäßig sein Gesicht. Mal nutzen ihn Kinder als Spielfläche, mal entstehen bunte Bildergalerien an den Wänden, die mit Magnetfarbe gestrichen sind. Das Bad mit frei stehender Wanne ist vom Flur durch eine Glaswand getrennt.

OBEN BEIDE: Ganz oben, unter dem Dach, befindet sich der Arbeitsbereich der Eltern. Durch die Terrasse und den kleinen Dachgarten verwandelt sich die Etage je nach Tageszeit auch zu einem ruhigen Entspannungsort.

OBEN BEIDE: Das Erdgeschoss ist komplett verglast und wird durch einen außenliegenden Vorhang vor der Sonne geschützt. Abgerundete Ecken geben dem Haus ein markantes, unkonventionelles Gesicht.

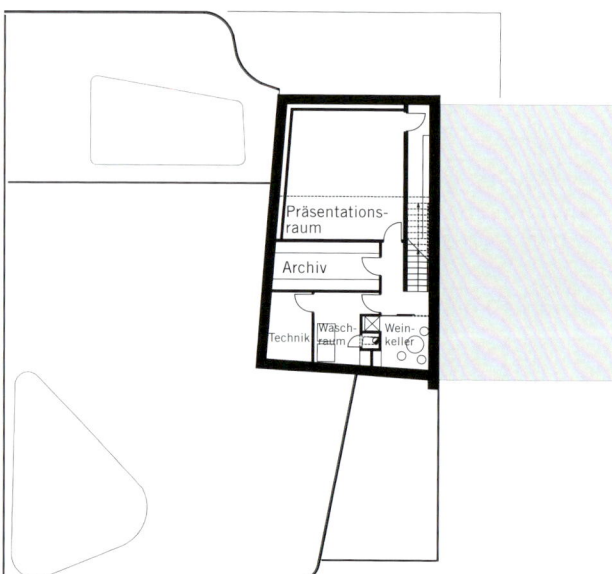

Untergeschoss

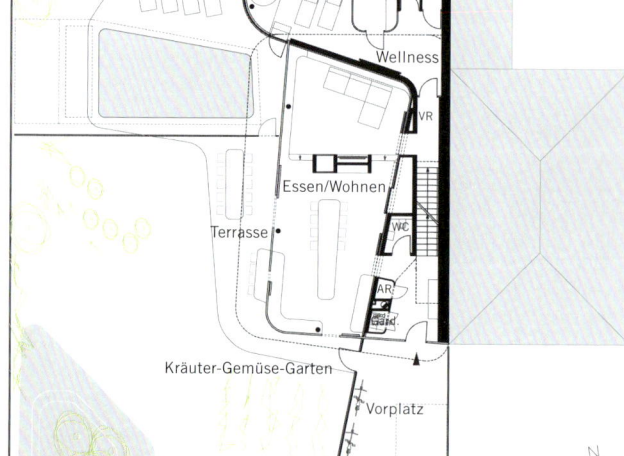

Erdgeschoss

GEBÄUDEDATEN

Grundstücksgröße: 500 m²
Wohnfläche: 300 m²
Zusätzliche Nutzfläche: 50 m²
Anzahl der Bewohner: 4
Bauweise: Mischbauweise mit Fassade aus vorgehängten Polycarbonatelementen
Baukosten gesamt: 640.000 €
Baukosten je m² Wohn- und Nutzfläche: 1.829 €
Fertigstellung: 2010

VORTEILE FÜR FAMILIEN

Vom zentralen Wohnraum im Erdgeschoss aus behalten die Eltern die Kinder überall im Blick – auch im Garten. Der Flur im ersten Stock dient als Spielzone und ist mit einer leuchtend grünen Wandfarbe gestrichen, die magnetisch ist und viel Platz für Fotos oder Bilder der Kinder bietet.

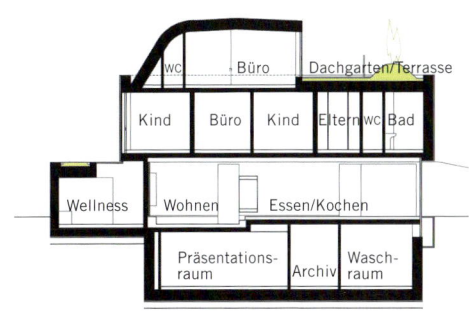

Längsschnitt

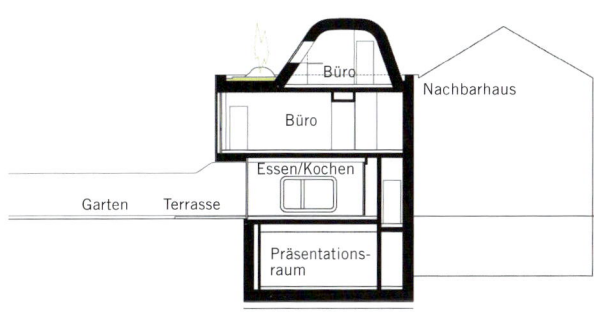

Querschnitt

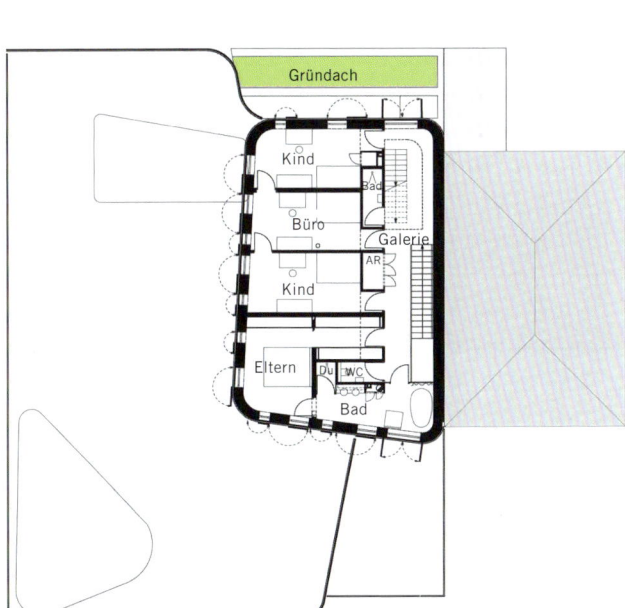

Obergeschoss

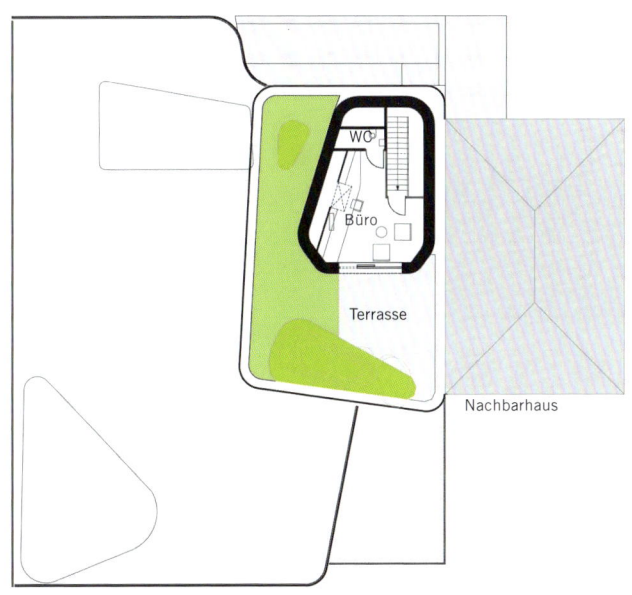

Dachgeschoss

MARIA CLARKE UND ROLAND KUHN, CLARKE UND KUHN FREIE ARCHITEKTEN

» *Mit unseren Wohnhäusern im städtischen Raum möchten wir ein Umfeld schaffen, in dem sich Familien wohlfühlen und nicht mehr den Wunsch verspüren, an den Stadtrand zu ziehen.* «

STADTVILLA FÜR ZWEI FAMILIEN
Niedrigenergiehaus in Berlin-Steglitz

Gerade wenn die Kinder klein sind, wünschen sich viele Eltern einen Garten und Freiräume für ihren Nachwuchs. Oft ziehen sie deshalb von der Stadt in ein Einfamilienhaus aufs Land und nehmen längere Fahrzeiten zum Arbeitsplatz in Kauf. Die Villa in Berlin-Steglitz hingegen vereint die Vorteile des Landlebens mit denen der Stadt. Der große Garten, den die beiden Familien des Doppelhauses gemeinsam nutzen, bietet den Kindern viel Platz zum Spielen, und die Wohnräume öffnen sich mit Terrassen ins Grüne. Gleichzeitig jedoch liegt das neue Domizil der Bauherren nahe am Rathaus Steglitz und damit an einem wichtigen Knotenpunkt der urbanen Infrastruktur.

Die Berliner Architekten Maria Clarke und Roland Kuhn haben das ungewöhnlich geschnittene Grundstück mit einer Fläche von insgesamt 1.000 Quadratmetern für einen Neubau genutzt, der zwei Familienhäuser unter einem Dach vereint und die innerstädtische Fläche verdichtet. Jede der beiden Wohneinheiten besteht aus einem dreigeschossigen Haus mit eigenem Grundriss und einheitlicher Außenhülle. Für die markante Kubatur des Flachdachgebäudes mit Staffelgeschoss war die Baufluchtlinie der Straßenseite ausschlaggebend. In der Mitte des Grundstücks springt sie 2 Meter zurück und erweitert den Vorgarten. Die Architekten nutzten diesen Einschnitt für eine Teilung des Geländes in zwei Grundstücke von 600 beziehungsweise 400 Quadratmetern.

Nach Nordosten, zur Straßenseite, rhythmisieren wenige Fensteröffnungen die einheitliche weiße Putzfassade. Ein Versprung markiert die Zäsur zwischen den beiden Wohneinheiten mit jeweils eigenem Eingang. An den Schmalseiten und zum Garten greifen großteilige Fensterbänder teilweise über mehrere Räume und lassen viel Licht nach innen. Die zentralen Gemeinschaftsbereiche beider Häuser liegen im Erdgeschoss und öffnen sich mit raumhohen Fensterflächen zum Garten. Küche, Ess- und Wohnbereich fließen in ein offenes Raumkontinuum, das die Grünflächen mit einbezieht. Genügend Platz für private Rück-

RECHTS BEIDE: Zur Gartenseite zeigt sich die Stadtvilla aus einem Guss. Lediglich der Versprung in der Fassade markiert die Zäsur zwischen den beiden Einfamilienhauseinheiten. Die beiden Terrassen sind versetzt und erhalten so jeweils eine eigene Privatsphäre. Den großen rückwärtigen Garten nutzen die Kinder der beiden Familien gemeinsam für Entdeckungen und Abenteuer.

zugsbereiche und individuell genutzte Räume wie Gäste- oder Arbeitszimmer gibt es im ersten Stock und im Staffelgeschoss, das in beiden Häusern mit einer Dachterrasse ausgestattet ist. Durch die geschickte Organisation der Räume, die jeweils um eine zentrale und eine seitliche Treppe angeordnet sind, kann aus jeder Haushälfte zusätzlich zum Erdgeschoss eine eigenständige Einliegerwohnung sowie ein Büro im Staffelgeschoss abgetrennt werden. Je nach Bedarf und Lebenssituation entstehen auf diese Weise unterschiedliche Grundriss- und Nutzungsoptionen.

Bautechnik und Energiekonzept folgen der Idee des ressourcensparenden Bauens. Die Brennwerttechnik nutzt das in der Straße anliegende Stadtgas, wobei Thermosolarunterstützung für Warmwasser und Heizung den Verbrauch minimiert. Die Wände des Niedrigenergiehauses sind in monolithischer Bauweise aus hochdämmenden Porotonziegeln gebaut. Sie sind offen für die Diffusion von Dampf und sorgen für ein angenehmes Wohnklima.

OBEN: Das Treppenhaus wird von oben belichtet. In beiden Einheiten lassen sich nach Bedarf die einzelnen Etagen auch als separate Flächen mit eigenem Eingang nutzen (Fotos auf dieser Seite: südöstliche Wohneinheit).

LINKS: Das Erdgeschoss ist als großzügiger und vielseitig nutzbarer Wohnraum für gemeinsame Aktivitäten konzipiert. Er fasst Kochen, Essen und Wohnbereich zusammen.

LINKS UNTEN: Viel Platz zum Spielen und um sich auszubreiten gibt es im ersten Stock. Mit ihren großen Fensterflächen orientieren sich die Kinderzimmer auf die ruhige Gartenseite.

OBEN: Möbel gliedern den Wohnbereich in einzelne Zonen für verschiedene Nutzungen. Ein frei stehender Küchenschrank trennt den Essbereich von der Kochzone und dient gleichzeitig als Arbeitsfläche (Fotos auf dieser Seite: nordwestliche Wohneinheit).

UNTEN: Das Schlafzimmer der Eltern liegt im Staffelgeschoss und öffnet sich mit durchgängigen, raumhohen Fenstern zu einer Dachterrasse. Statt einer kleinen und dunklen Schlafkammer entsteht so ein großzügiger, intimer Rückzugsraum.

UNTEN: Übereck gelegte Fenster lassen den Blick von der Küchenzeile in mehrere Richtungen wandern.

OBEN: Zur Straßenseite gibt sich das Doppelhaus mit nur wenigen Fenstern verschlossen. Auch hier wird die Zäsur zwischen den beiden separierten Wohneinheiten nur im Fassadenrücksprung des ansonsten einheitlichen Gebäudes erkennbar.

FLEXIBLE NUTZUNGSMÖGLICHKEITEN

Flexible Kinderetage im Obergeschoss

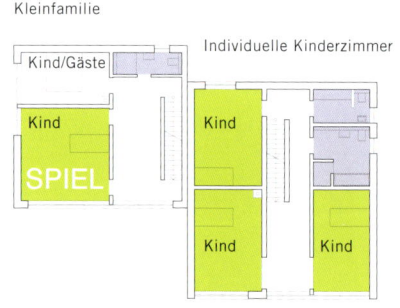

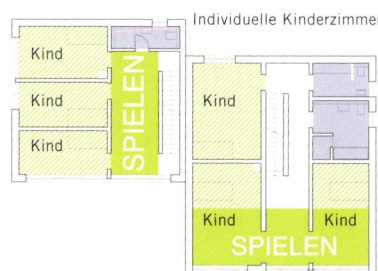

Wechselnde Lebenssituationen

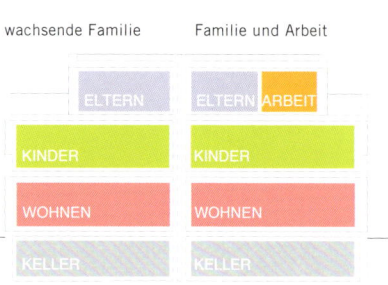

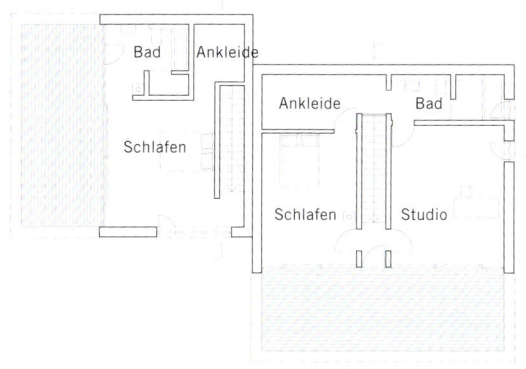
Dachgeschoss

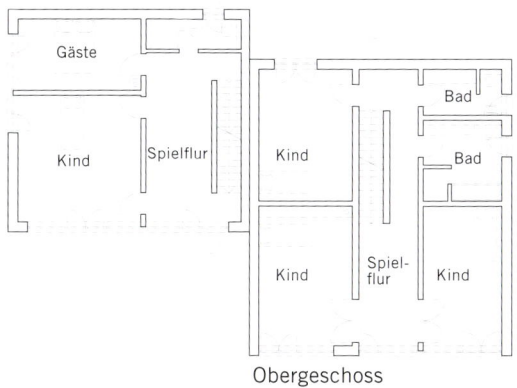
Obergeschoss

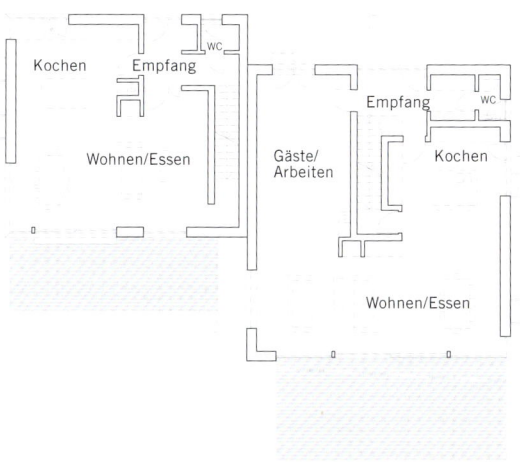
Erdgeschoss

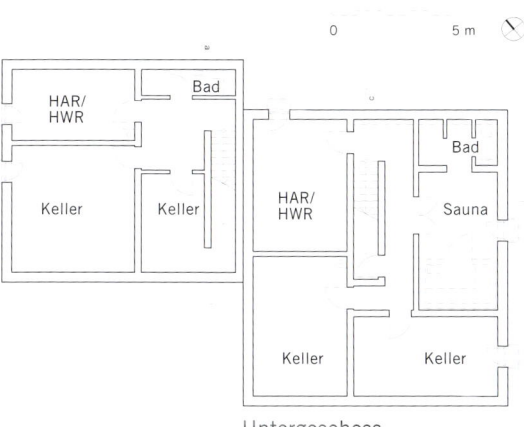
Untergeschoss

GEBÄUDEDATEN

Grundstücksgröße: 600 m² / 400 m²
Wohnflächen: 261 m² / 165 m²
Zusätzliche Nutzflächen: 99 m² / 66 m²
Anzahl der Bewohner: 5 / 3
Bauweise: Massivbau mit Porotonsteinen
Baukosten gesamt: 360.000 € / 254.100 €
Baukosten je m² Wohn- und Nutzfläche:
1.000 € / 1.100 €
Heizwärmebedarf: 59 kWh/m²a
Primärenergiebedarf: 60 kWh/m²a
Fertigstellung: 2010

VORTEILE FÜR FAMILIEN

Den großen rückwärtigen Garten nutzen beide Familien des Doppelhauses gemeinsam. Die Flächen der beiden Wohneinheiten können je nach Familiensituation zusammenfasst oder nach Geschossen in eigenständige Wohn- sowie Büroeinheiten aufgeteilt werden.

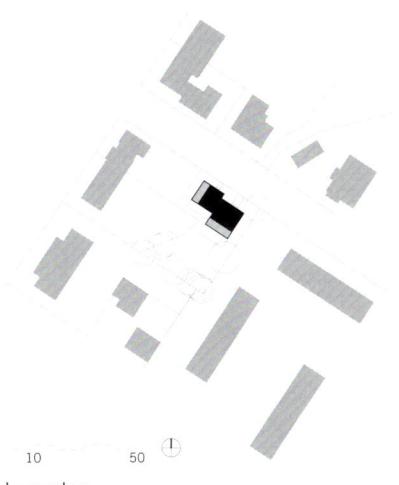
Lageplan

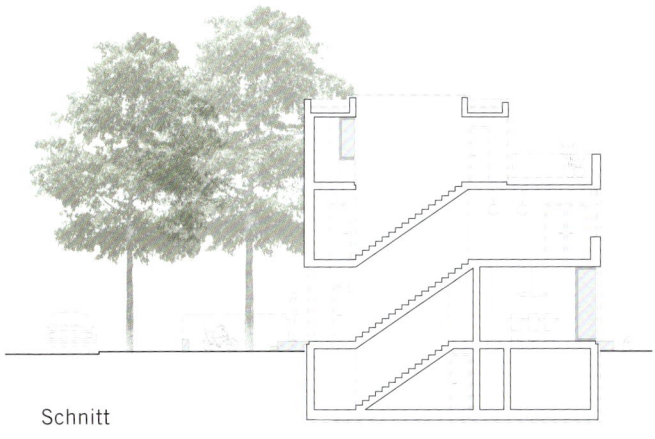
Schnitt

GEORG DÖRING ARCHITEKTEN BDA

» *Das Erdgeschoss bietet Raum für das Miteinander, das Obergeschoss Rückzugsmöglichkeiten mit Privatsphäre. Das offene Treppenhaus wird auch als gemeinsame Bibliothek von Eltern und Kindern genutzt.* «

VORNEHME TRANSPARENZ
Familiendomizil in Düsseldorf

Den wichtigsten Ansatz zur Planung des eigenen Familiendomizils fand der Architekt Georg Döring im Grundstück selbst. Am Stadtrand Düsseldorfs gelegen, bot die südliche Hanglage freien Blick auf einen benachbarten Park. Um die herausragende Position des Baugrundstücks optimal zu nutzen, entschied sich die Architekten- und Bauherrenfamilie für soviel Garten wie möglich und soviel Haus als nötig. Georg Döring konzipierte das Grundstück als Abfolge unterschiedlicher Zonen, die hintereinander von der Eingangsseite im Norden bis zur südlichen Grundstücksgrenze aufgereiht sind. Sichtbetonmauern und eine frei stehende Garage fassen den Eingangsbereich in eine Hofsituation mit urbanem Charakter. Das Wohnhaus selbst nimmt fast die gesamte Grundstücksbreite ein und öffnet seine Südseite ins Grüne. Mit Rasenflächen und Rosenbüschen wird der obere Teil des Gartens zum englischen Kulturgarten, während sich im unteren Bereich bis zur Grundstücksgrenze Obstwiesen und Kräuterbeete ausbreiten. Eine geschwungene Spirale aus rostigem Cortenstahl rahmt die unterschiedlichen Grünzonen und fängt den Höhenunterschied des Geländes auf.

Die Wohnflächen mit insgesamt 293 Quadratmetern sind für den Alltag mit Kind konzipiert. Mit Ausnahme der Schlafzimmer im ersten Stock sind alle Räume offen miteinander verknüpft und mehrfach nutzbar. So ist die Küche nicht nur zum Kochen, sondern auch zum Essen da. Im Wohnzimmer im Erdgeschoss, dessen verglaste Südseite sich durch eine Hebe-Schiebetürenanlage ins Freie öffnen lässt, wird Musik gehört, an einer großen Tafel gegessen und im Kamin Feuer entfacht. Das große Treppenhaus mit seiner filigranen Stahltreppe verbindet nicht nur die einzelnen Stockwerke miteinander, sondern wird im Obergeschoss auch als Bibliothek genutzt. Der Elterntrakt und die Kinderzimmer im ersten Stock sind nach Osten ausgerichtet und klar voneinander getrennt. Lediglich die große mit Travertin gepflasterte Terrasse und die Bibliothek verbinden die beiden Bereiche.

RECHTS OBEN: Der klare Baukörper wirkt wie eine reduzierte und kompakte Raumskulptur. Zur Gartenseite ist das Erdgeschoss durchgängig verglast und öffnet sich zu der vorgelagerten Terrasse.

RECHTS UNTEN: Der durchgängige Wohnbereich im Erdgeschoss profitiert von den bodentiefen Fenstern und holt die Natur nach innen. So entsteht ein weitläufiger Raumeindruck.

OBEN: Wie ein Cockpit öffnet sich das Kinderzimmer mit einem schmalen, übereck geführten Fensterband ins Grüne. Robuste Holzböden und weiße Wände verbreiten eine zeitlose Atmosphäre.

OBEN: Am großen Esstisch im Wohnbereich finden auch die Freunde der Familie Platz. Klare Proportionen und sorgfältig ausgewählte skulpturale Möbel gliedern den großen Raum und geben ihm Charakter.

LINKS BEIDE: Im Obergeschoss sind Elternbad und -schlafzimmer um eine Dachterrasse gruppiert. So entsteht ein ruhiger, privater Rückzugsbereich mit viel Licht.

Alle Räume des Hauses gruppieren sich um eine stabilisierende Wandscheibe aus Sichtbeton, die über alle Geschosse reicht und auch als Treppenwange dient. Wie eine minimalistische Skulptur vor grauem Hintergrund rahmt das große, rund 900 Kilogramm schwere Fenster auf der Nordseite die Treppe und macht sie schon von außen sichtbar. Zusätzlich wirft ein langes Dachfenster Tageslicht auf die Treppe und macht den gesamten Eingangbereich zu einer hellen, freundlichen Zone. Auf den Böden der fließenden Räume, die ohne Türen miteinander verbunden sind, sind geölte Eichendielen verlegt. Die großzügigen Proportionen des südseitigen Wohnraums, der sich beinahe über die gesamte Länge des Hauses erstreckt, wird durch die übereck laufende Verglasung gestärkt. Bodentiefe Glasflächen verbinden Garten und Terrasse mit dem Wohnraum. Ein Wandvorsprung trennt seinen östlichen Bereich vom Rest der Fläche. Die ruhige Rückzugsinsel, die so entsteht, wird auch zum Fernsehen genutzt. Trotz der durchgängigen Flächen gibt es Nischen, die jedem Familienmitglied die Möglichkeit geben, für sich zu sein.

OBEN: Zur Eingangsseite öffnet sich das Haus mit einem einzigen, großen Fenster. Wie ein Bildschirm im Dunkeln rahmt die Öffnung einen Ausschnitt der Eingangsdiele und der Treppe.

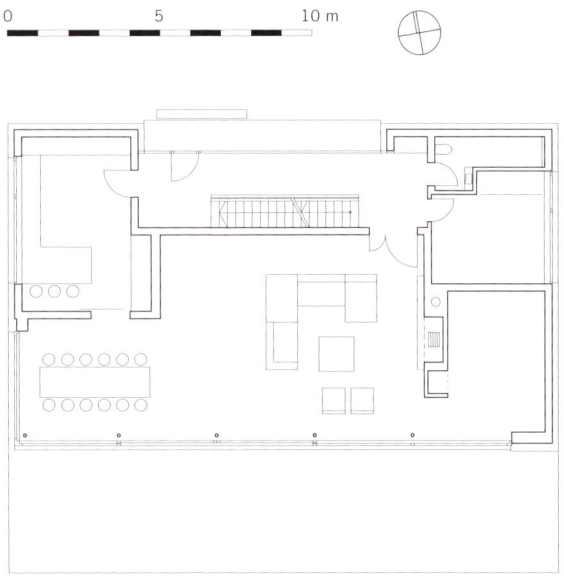

Erdgeschoss

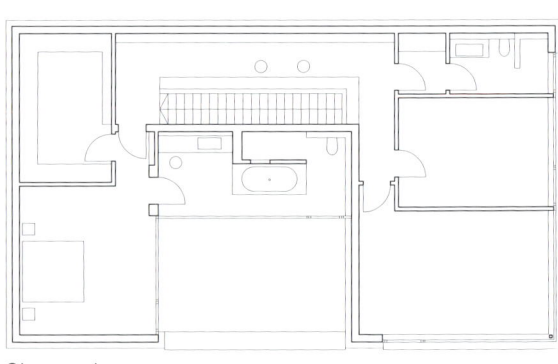

Obergeschoss

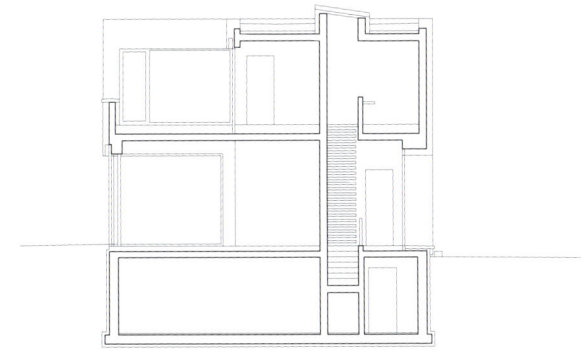

Querschnitt

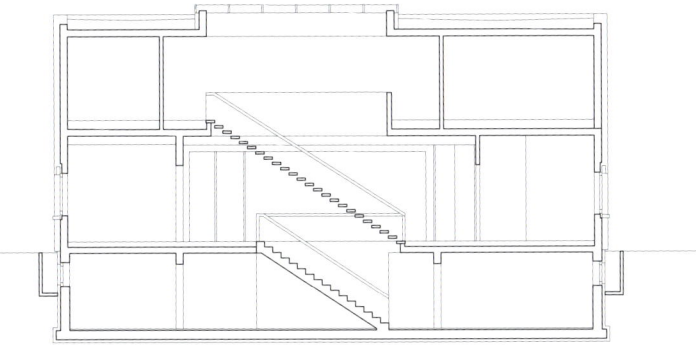

Längsschnitt

GEBÄUDEDATEN

Grundstücksgröße: 1.370 m²
Wohnfläche: 293 m²
Zusätzliche Nutzfläche: 153 m²
Anzahl der Bewohner: 3
Bauweise: Stahlbeton und Kalksandsteinmauerwerk
Baukosten: keine Angaben
Heizwärmebedarf: 76,8 kWh/m²a
Primärenergiebedarf: 96,2 kWh/m²a
Fertigstellung: 2011

VORTEILE FÜR FAMILIEN

Der Grundriss des Hauses gliedert sich in zwei Bereiche, die den Familienalltag organisieren. Während die ineinander übergehenden Flächen im Erdgeschoss Raum für die Gemeinschaft und das Miteinander bieten, ist das Obergeschoss dem individuellen Rückzug mit viel Privatsphäre vorbehalten.

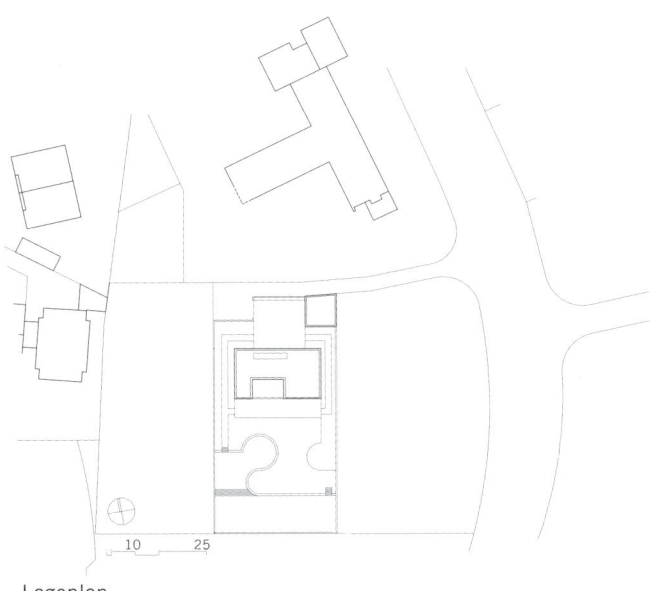

Lageplan

RECHTS: Ein Dachfenster streut Tageslicht in Treppenhaus und Flur. Im Obergeschoss ist die Erschließungsfläche durch Bücherregale aufgewertet, die der Zone eine zusätzliche Funktion als Bibliothek zuweisen.

JÜRGEN HALLER UND PETER PLATTNER, HALLER PLATTNER ARCHITEKTEN

» *Die Allgemeinräume im Erdgeschoss lassen sich bei Bedarf einzeln von den Gemeinschaftsflächen abtrennen. So entstehen vielfältige Rückzugs- und Funktionsmöglichkeiten.* «

ALPINE WOHNLANDSCHAFT
Holzschindelhaus in Mellau/Bregenzerwald (Österreich)

Atemberaubende Ausblicke in die Bergwelt gehören im Bregenzerwald zum Alltag. Um das Panorama mit Obstbäumen und Felsmassiven jeden Tag unmittelbar zu erleben, wünschte sich die junge Bauherrenfamilie ein naturverbundenes Einfamilienhaus, das sich in die Landschaft fügt, die Traditionen der Region aufgreift und gleichzeitig den Anforderungen des Familienalltags gerecht wird. Nach diesen Vorgaben planten die Architekten Jürgen Haller und Peter Plattner am Rand von Mellau, gleich neben dem naturgeschützten Moor am Dorfrand, ein kompaktes Holzschindelhaus mit Satteldach. Als ob es schon immer da gewesen wäre, reiht sich der Baukörper zwischen die benachbarten Holzschuppen und Bauernhöfe. Das Bergmassiv des Kanisfluh, dessen Spitze hoch über dem Dorf thront, rahmt die Szenerie und ist selbst in den Innenräumen präsent.

Mit Bedacht auf die natürlichen Ressourcen im Bregenzerwald ist das Haus in Holzriegelbauweise errichtet. Seine Weißtannenschindeln, deren Holz im eigenen Wald des Bauherrn geschlagen wurde, legen sich wie Schuppen über die Fassaden. Mit den Jahren wird der kompakte zweigeschossige Baukörper Patina ansetzen und sein Gesicht mit den Jahreszeiten verändern. »Schon beim Frühstück lächeln die ersten Sonnenstrahlen zwischen den Bergspitzen hervor«, so die Bauherrin. »Am Abend kündigt sich der Sonnenuntergang aus dem Mellental an und scheint durch die raumhohe Verglasung in unser Wohnzimmer.« Küche und Wohnzimmer im Erdgeschoss sind als durchgängige Fläche zusammengefasst und werden durch die zentrale Treppe optisch voneinander getrennt. So kann sich der kleine Sohn der Familie selbständig auf Erkundungstour begeben und bleibt trotzdem in der Nähe seiner Eltern. Ein Fernsehraum im Norden schafft zusätzliche Rückzugsmöglichkeiten. Er lässt sich wie die restlichen Flächen und je nach Bedarf durch eine in die Wände eingelassene Schiebetür von den Gemeinschaftszonen trennen oder in diese integrieren. Besonders im Winter, wenn hinter dem Sichtglas des Holzofens das Feuer lodert, vermitteln die rundherum mit Weißtanne ausgekleideten Räume eine Atmosphäre der Geborgenheit. Das große Sitzfenster in der Küche ist der Lieblingsplatz des Sohns. Er nutzt die niedrige Fensterbank zum Spielen und behält von hier aus das Geschehen rund um das Haus im Blick. Die weiß beschichteten Plattenwerkstoffe, aus denen die Küche nach Plänen der Architekten gefertigt wurde, vermitteln durch ihre klaren Linien zeitlose Einfachheit.

RECHTS: Vor der malerischen Bergkulisse reiht sich der kompakte Baukörper in die Landschaft des Bregenzerwaldes ein. Seine Fassaden sind mit Holzschindeln verkleidet, die aus den nachwachsenden Ressourcen der umliegenden Wälder stammen.

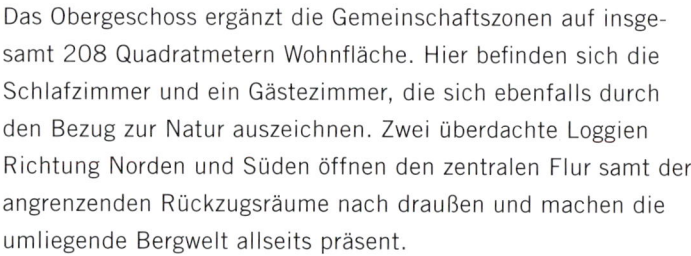

Das Obergeschoss ergänzt die Gemeinschaftszonen auf insgesamt 208 Quadratmetern Wohnfläche. Hier befinden sich die Schlafzimmer und ein Gästezimmer, die sich ebenfalls durch den Bezug zur Natur auszeichnen. Zwei überdachte Loggien Richtung Norden und Süden öffnen den zentralen Flur samt der angrenzenden Rückzugsräume nach draußen und machen die umliegende Bergwelt allseits präsent.

OBEN: Zeitlos und einfach ist die große Wohnküche des Hauses konzipiert. Die weißen Küchenschränke sind Teil eines durchgängigen Möbelkonzepts, das auf gerade Linien und klare Formen setzt und gleichzeitig viel Stauraum bietet.

RECHTS OBEN: Das Landschaftspanorama ist auch im Inneren des Hauses überall präsent. Große, raumhohe Fensterflächen geben den zentralen Gemeinschaftsflächen eine großzügige Atmosphäre.

RECHTS UNTEN: Das Sitzfenster im Essbereich ist der Lieblingsplatz des Sohnes. Es lässt sich nicht nur als Aussichtsplatzform, sondern auch als Spielzone nutzen.

LINKS OBEN: Eine geschützte Loggia öffnet die privaten Rückzugsräume im ersten Stock nach draußen und dient gleichzeitig als Aussichtskanzel über die Landschaft.

LINKS UNTEN: Schränke, Decken und Wände des Schlafzimmers sind mit Holz vertäfelt, das im gesamten Haus für sinnliche Qualitäten sorgt und eine geborgene Stimmung verbreitet.

RECHTS BEIDE: Reduziert und luftig ist die Treppe zu den Privatbereichen im Obergeschoss gehalten. Auch die Erschließungsflächen im Obergeschoss sind durch ihre Raumhöhe großzügig konzipiert und können vielseitig genutzt werden.

OBEN: Am Rand von Mellau im Hinterwald gelegen, reiht sich das neue Satteldachhaus wie selbstverständlich in seine Umgebung mit alten Bauernhäusern und Holzschuppen ein.

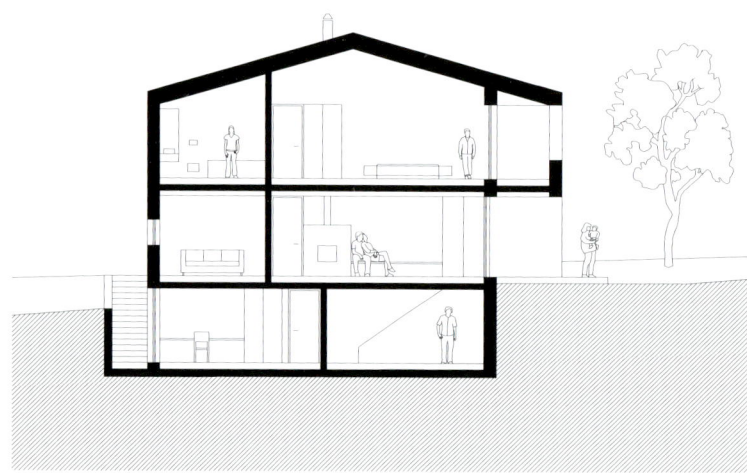

Querschnitt

Obergeschoss

Erdgeschoss

Untergeschoss

GEBÄUDEDATEN

Grundstücksgröße: 839 m²
Wohnfläche: 208 m²
Zusätzliche Nutzfläche: 161 m²
Anzahl der Bewohner: 3
Bauweise: Kellergeschoss massiver Stahlbeton, Obergeschosse in Holzbauweise
Baukosten gesamt: 450.000 €
Baukosten je m² Wohn- und Nutzfläche: 1.220 €
Heizwärmebedarf: 25 kWh/m²a
Primärenergiebedarf: 47 kWh/m²a
Fertigstellung: 2011

VORTEILE FÜR FAMILIEN

Der große Gang im Obergeschoss bildet eine Pufferzone zwischen Eltern- sowie Kinderzimmern und wird im Alltag zum Begegnungsraum. Solange der Sohn noch klein ist, bleiben die Schiebetüren im Erdgeschoss meistens geöffnet. So kann er eigenständig auf Erkundungstour gehen und bleibt trotzdem im Blickfeld der Eltern.

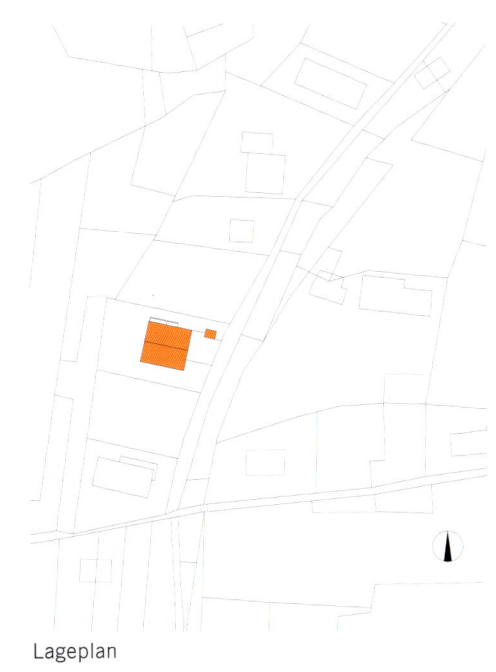

Lageplan

LUDWIG HARTER, HARTER + KANZLER ARCHITEKTEN

» *Einfamilienhäuser haben einen eigenen Zyklus, der unterschiedliche Lebensphasen der Familie mit berücksichtigen muss. Mit Blick auf die Nutzung bieten sich langlebige und unempfindliche Materialien an.* «

SCHWEBENDE HOLZSCHATULLE
Einfamilienhaus im Schwarzwald

Für die Freiburger Architekten Ludwig Harter und Ingolf Kanzler sind sorgfältig geplante Details und deren Ausführung beim Bauen unverzichtbar. Ihr Entwurf für das Einfamilienhaus in Hausach im Kinzigtal setzt diesen Vorsatz facettenreich um. Ein Sockel hebt das Haus vom Boden ab, sodass es zu schweben scheint. Wie eine makellose Haut legt sich die vorgehängte Fassade aus Holzlamellen um das kompakte Volumen. Das Nadelholz ist mit ölhaltiger Farbe deckend weiß gestrichen, sodass der zweigeschossige Baukörper wie ein Monolith wirkt. Am westseitigen Wohnzimmerfenster sind die vertikalen Fassadenlamellen in größeren Abständen übereck geführt, sodass sich Licht und Schatten im Innenraum abwechseln und Transparenz sowie Geborgenheit gleichzeitig vermittelt wird. Eine elegante Treppe aus gefaltetem Stahl markiert den Eingang an der Ostseite des Hauses, dessen rahmenartiges schmales Vordach aus dem gleichen Material gefertigt ist. Dunkle Dachflächen ohne Überstände kontrastieren mit der hellen, witterungsbeständigen Fassade. Die flächigen Dachziegel sind aus engobiertem Ton gefertigt. Durch die Beschichtung mit natürlichen Tonschlämmen, die noch vor dem Brennen aufgebracht werden, ist das Material besonders widerstandsfähig gegen säurehaltiges Regenwasser und UV-Strahlen.

Auch im Inneren des Neubaus, der aus massiven Ziegelwänden und einer tragenden Betonscheibe in der Grundrissmitte errichtet wurde, besticht die Qualität der Details. Mit Rücksicht auf den Alltag mit zwei Kindern wurden wenige, aber beständige und robuste Materialien verwendet, die gezielt Akzente setzen. Dunkler Schieferboden breitet sich in den hellen Gemeinschaftsräumen im Erdgeschoss aus. Diese öffnen sich mit bodentiefen Fenstern zu einer Terrasse am Knick des L-förmigen Grundrisses und erweitern sich so nach außen. Küche, Essbereich und Wohnzimmer sind in einem durchgängigen, hellen Raum zusammengefasst. Das Obergeschoss ist durch eine frei tragende Eichenholztreppe erschlossen, die ohne Wangen auskommt und mit ihrer gläsernen Brüstung wie eine federleichte Skulptur wirkt. Auch für die privaten Rückzugsräume im ersten Stock haben die Architekten Böden aus Eichenholz gewählt. Den großzügigen zentralen Flur nutzen vor allem die Kinder. Sie müssen sich zum Spielen nicht in ihre Zimmer zurückziehen, sondern können dabei auch am Familienleben teilhaben.

RECHTS: Weiß lackierte Holzlamellen aus Tanne und Fichte hüllen das Haus rundherum ein. Unterschiedliche Abstände im Fensterbereich sorgen dabei für ein differenziertes Spiel aus Transparenz und Geschlossenheit. Die Terrasse im Erdgeschoss befindet sich auf einem Podest.

OBEN: Die offene Küche wurde ebenfalls von den Architekten konzipiert. Ihre dunklen Holzoberflächen bilden einen farblichen Kontrapunkt zu den weißen Außenfassaden. Die seitliche Sichtbetonwand dient als Raumteiler zwischen dem Eingangs- und dem offenen Wohnbereich.

LINKS: Schwarz und weiß sind die entscheidenden Kontraste, auch im Bad. Die dunklen Schieferplatten sind besonders robust und langlebig.

OBEN: Im ersten Stock sind die Räume durch eine großzügige und vielseitig nutzbare Galerie miteinander verbunden. Massivparkett aus Eichenlamellen sorgt für eine private und wohnliche Atmosphäre.

UNTEN BEIDE: Ohne Wangen sind die tragenden Stufen der Treppe in die seitliche Betonwand eingespannt. Die seitliche Glaswand gibt der Treppenskulptur zusätzliche Transparenz. Bewusst entschieden sich die Architekten für robuste Materialien wie Beton und Holz.

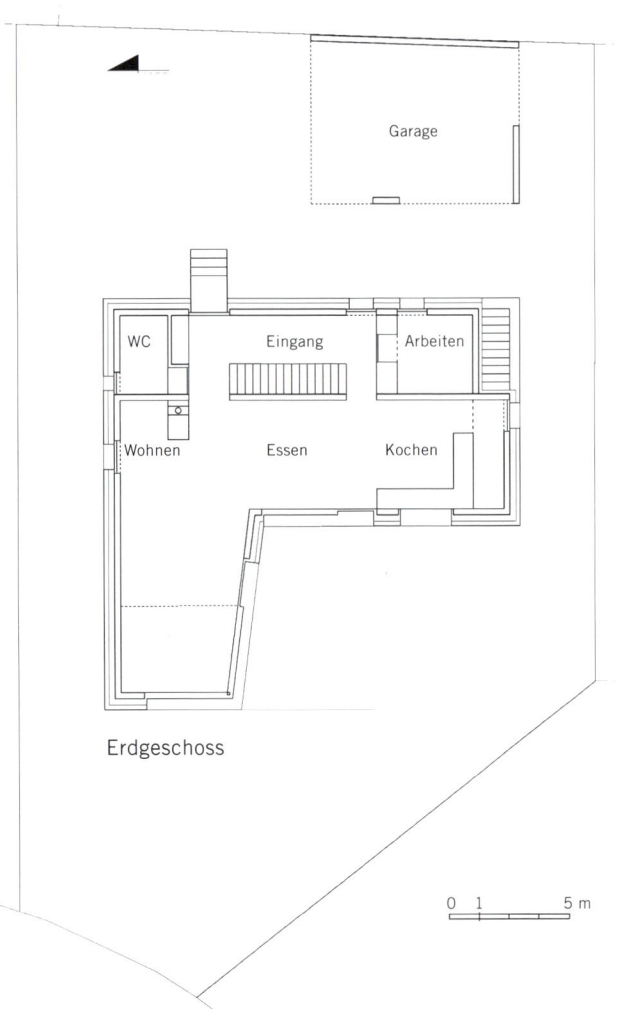

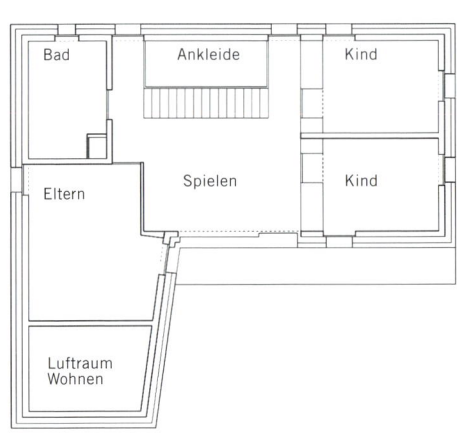

Erdgeschoss

Obergeschoss

0 1   5 m

LINKS: Ohne Dachüberstände ausgeführt, wirkt der homogene Baukörper auf L-förmigem Grundriss wie eine reduzierte Skulptur. Mit seiner umlaufenden vorgehängten Fassade und dunklen Dachflächen sowie dem Podest präsentiert sich das Domizil als moderne Umsetzung des typischen Satteldachhauses.

GEBÄUDEDATEN

Grundstücksgröße: 520 m²
Wohnfläche: 172 m²
Zusätzliche Nutzfläche: 70 m²
Anzahl der Bewohner: 4
Bauweise: massives Mauerwerk und Beton mit vorgehängter Holzfassade
Baukosten gesamt: 400.000 €
Baukosten je m² Wohn- und Nutzfläche: 1.653 €
Primärenergiebedarf: 11,75 kWh/m²a
Fertigstellung: 2010

VORTEILE FÜR FAMILIEN

Die Materialien und Oberflächen der Innenräume wurden mit Bedacht gewählt. Eichenholz- und Schieferböden sowie Sichtbeton und weiß verputzte Wände sind unempfindlich und dauerhaft. Sie bilden eine robuste Grundlage für den Familienalltag.

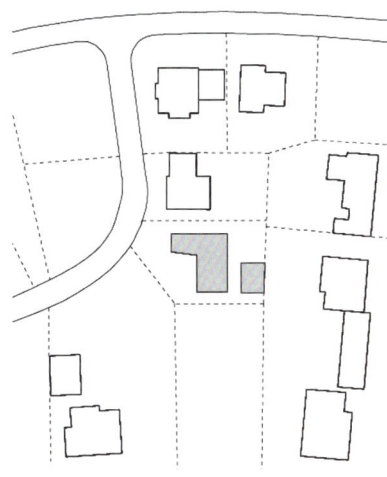

Lageplan

LINKS BEIDE: Eine gefaltete, ausgeklappte Stahltreppe führt zum Haupteingang und ist eins von vielen durchdachten Details, die insgesamt den Charakter des Hauses prägen.

LAURA JAHNKE, LAURA JAHNKE ARCHITEKTEN

» *In den Rückzugsbereichen im Obergeschoss dominieren sparsame Details und weiße sowie lichtgraue Flächen. Das Erdgeschoss hingegen ist als bunter Gemeinschaftsbereich für den lebendigen Familienalltag konzipiert.* «

LEBENDIGER FARBKOSMOS
Satteldachhaus im Hamburg-Duvenstedt

Moosgrün, Schattenblau und Nachtlila prägen die wohnliche Atmosphäre im Erdgeschoss des Satteldachhauses in Hamburg-Duvenstedt. Gemeinsam mit der Architektin Laura Jahnke entwickelten die Bauherren eine Farbpalette, deren Grundtöne aus den nahe gelegenen Wäldern des Duvenstedter Brooks stammen. Teppiche und Einbauregale, Sofas und Wandverkleidungen sind in diesen Farbschattierungen gehalten. Einzelne Möbel wie die Sessel bilden dabei kecke Farbtupfer, und der Wald selbst ist auf einem Foto im Maßstab 1:1 präsent, das auf der raumteilenden Wand zwischen Küche und Wohnzimmer angebracht ist.

Bereits Ende der 1990er-Jahre hatten die Großeltern der Bauherren die ehemals für ihre Orchideenzucht bekannte Gärtnerei aufgegeben. Als das Bauherrenpaar dann auf dem Gelände des Familienbetriebs ein Haus für sich und seine drei Kinder plante, ließ es sich bei der Farbgestaltung der Innenräume durch die Blumen- und Naturwelt inspirieren. Der langgestreckte Baukörper ist in Holzelementbauweise errichtet und konnte dank der vorgefertigten Bauteile in nur acht Tagen Montagezeit errichtet werden. Rundherum mit Lärchenholz verkleidet und ohne Dachüberstände präsentiert sich das Haus als kompaktes Volumen, das seine Gartenseite nach Süden ausrichtet und mit einem sehr geringen Primär- und Heizenergiebedarf auskommt.

Im Inneren besticht das neue Domizil durch eine ebenso ungewöhnliche wie familienfreundliche Grundrissorganisation. Im Erdgeschoss reihen sich entlang der großflächigen Südverglasung die zentralen Wohnräume sowie ein vielseitig genutzter Flur auf. Mit grünen Einbauregalen, die viel Stauraum für Bücher und Spiele bieten, wird der lichtdurchflutete Gang zu einer belebten Gemeinschaftszone, die sich auf die vorgelagerte Terrasse öffnen lässt und gleichzeitig die drei nach Norden orientierten Kinderzimmer erschließt.

Das Obergeschoss mit den Rückzugs- und Arbeitsräumen der Eltern sowie dem Gästezimmer setzt einen ruhigen Kontrast zum belebten Erdgeschoss. Die Räume hier bleiben ungestört, auch

RECHTS OBEN: Natürliche Farbenpracht: Die Fototapete im Wohnraum gibt ein Motiv aus den nahe gelegenen Wäldern wieder. Im Erdgeschoss sind die einzelnen Wohnbereiche lose und ohne Türen entlang der Gartenseite miteinander verbunden.

RECHTS UNTEN: Wenn das Feuer im Kamin knistert, ist die Stimmung im Wohnzimmer gleichzeitig naturverbunden und doch elegant.

OBEN: Seine Längsseite öffnet das lärchenholzverkleidete Haus zum Garten, der im Sommer zur Spielwiese für die ganze Familie wird. Das Satteldach ist bündig mit Metall gedeckt.

GANZ LINKS: Bunt und zuweilen auch lebendig geht es im Erdgeschoss zu. Die Wände des Flurs vor den Kinderzimmern sind grün gestrichen und werden teilweise als Regale genutzt.

LINKS: Das Obergeschoss hingegen ist ruhig und wird über seitliche große Fenster belichtet. Hier befinden sich neben dem Elternschlafzimmer weitere, flexibel nutzbare Flächen.

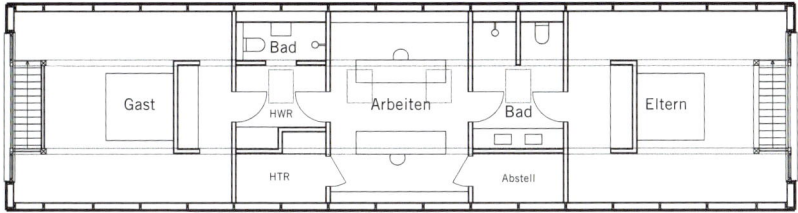
Obergeschoss

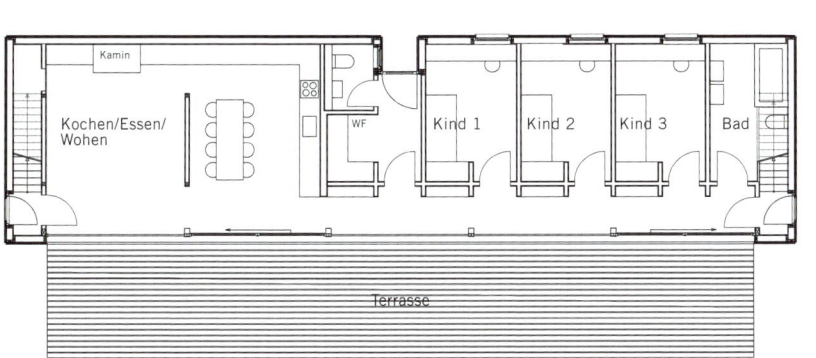
Erdgeschoss

Lageplan

wenn im Erdgeschoss das Familienleben tobt. Zwei einläufige Treppen an den beiden Schmalseiten des Hauses erschließen die Dachetage und isolieren sie gleichzeitig vom Erdgeschoss. Beide Treppen können auch von den seitlichen Hauseingängen aus betreten werden. So lässt sich das gesamte Dachgeschoss oder aber einzelne Bereiche in Zukunft als selbständige Einheiten vom Erdgeschoss abkoppeln.

Mit reduzierten Details sowie weiß und lichtgrau gehaltenen Möbeln nehmen sich die Rückzugsräume unter dem Dach im Vergleich zum Erdgeschoss deutlich zurück. Große Giebelfenster an den Schmalseiten des Hauses belichten das westliche Elternschlafzimmer und den Gästebereich im Osten. Mittig platziert, erhält das Arbeitszimmer über die Dachfenster gleichmäßiges Nordlicht. Die klare Trennung der einzelnen Etagen nach dem Konzept »unten bunt und oben still« gibt einzelne Raumzonen vor, die entsprechend ihrer Nutzung im Alltag recht unterschiedlich ausfallen.

GEBÄUDEDATEN

Grundstücksgröße: 920 m^2
Wohnfläche: 212 m^2
Zusätzliche Nutzfläche: 8 m^2
Anzahl der Bewohner: 5
Bauweise: Holzständerbau
Baukosten gesamt: 342.000 €
Baukosten je m^2 Wohn- und Nutzfläche: 1.555 €
Heizwärmebedarf: 40 kWh/m^{2}a
Primärenergiebedarf: 60 kWh/m^{2}a
Fertigstellung: 2010

VORTEILE FÜR FAMILIEN

Quasi unzerstörbare Materialien wie der Estrich im Erdgeschoss bilden eine solide Basis für den Alltag der fünfköpfigen Familie. Der südliche Wohnflur im Erdgeschoss gibt den Kindern die Möglichkeit, von ihren Zimmern direkt auf die Terrasse ins Freie zu gelangen.

DANIEL SAUTER, K_M ARCHITEKTUR

» *Durch die bodentiefen Fensterfronten werden die umliegenden Obstgärten in das Leben im Haus einbezogen. Das Pultdach und die Verglasung des Hauses orientieren sich nach Süden und nutzen die passive Sonnenenergie für ein optimales Raumklima.* «

SONNENDECK IM OBSTGARTEN
Familiendomizil in Langenargen/Bodensee

Als wollte es sich verstecken, duckt sich das flache Haus zwischen die umliegenden Obstplantagen, sodass von Weitem nur sein markantes Pultdach über den Baumwipfeln sichtbar ist. Für die Bauherren, eine Landwirtsfamilie mit zwei Kindern, war der Wohnraum im Zentrum von Langenargen am Bodensee zu klein geworden. Ihr neues Haus am Dorfrand liegt fernab von befahrenen Straßen und inmitten der Apfelfelder, welche die Familie bewirtschaftet. Von jedem Zimmer aus sind je nach Jahreszeit die Blüte, der Wuchs oder die Früchte der Bäume präsent. Die Kinder nutzen die umliegenden Wiesen als eigenen großen Abenteuerspielplatz.

Daniel Sauter vom Bregenzer Architekturbüro k_m architektur platzierte das markante Einfamilienhaus in einiger Distanz zu den umliegenden Wirtschaftsgebäuden des landwirtschaftlichen Betriebs und konzipierte es als optimal ausgerichtetes Sonnendeck. Optisch leicht angehoben, schwebt das eingeschossige Volumen regelrecht über der Wiese und öffnet sein Pultdach Richtung Süden. So fangen die raumhoch verglasten Wohnräume zu jeder Tageszeit das Sonnenlicht ein und nutzen diese passive Energie für ein angenehmes Wohnklima. Das dreiseitig umlaufende Vordach spendet Schatten und schützt die darunterliegende Terrasse. Die Innenräume öffnen sich in Richtung Westen, Süden und Osten und gehen so unmittelbar in die Landschaft über. Bei besonderer Wetterlage sind sogar die Berggipfel der Alpen von den Zimmern aus sichtbar.

Wie das Dach und die Bodenplatte, so ist auch die gesamte Nordfassade mit Kupfer verkleidet. Lediglich ein horizontaler Fensterschlitz und ein Eingangsbereich, der in den Baukörper eingeschnitten ist, öffnen die durchgängige Fläche. Wenn die Eltern von der Arbeit kommen, nutzen sie eine Schmutzschleuse als Eingang, die gleich neben dem zentralen Haupteingang liegt.

RECHTS OBEN: Wie ein Sonnendeck im Grünen streckt sich der flache Baukörper inmitten der Wiesen und umliegenden Apfelbaumfelder aus. Die Südseite ist durch das vorspringende Flachdach verschattet und öffnet sich mit einer durchgängigen raumhohen Fensterfront ins Grüne.

RECHTS UNTEN: Dem Essbereich im Westen ist eine große geschützte Terrasse vorgelagert, auf der sich das Abendlicht hält. Bodenplatte und Dach sind mit Kupferblech verkleidet und werden so optisch zusammengehalten.

LINKS: Auf den Böden des Holzbaus ist Nussbaumparkett verlegt, das allen Räumen eine warme Atmosphäre gibt. Die weißen Wände und Küchenmöbel bilden einen farblichen Kontrast dazu.

LINKS: Der durchgängige, große Wohnraum gliedert die gemeinschaftlichen Nutzungszonen in loser Abfolge. Kochen, Essen und Sofabereich samt Kamin bilden das lichtdurchflutete Zentrum des Familienalltags.

Viel Licht und großzügige, fließende Räume charakterisieren die Stimmung im Inneren. Der Eingangsbereich mit Garderobe mündet nahtlos in den zentralen gemeinschaftlichen Wohn-, Koch- und Essbereich. Die Kücheninsel passt sich farblich den weiß verputzten Wänden an, die einen Kontrast zu den warmen Holztönen in den Innenräumen bilden. Die Decken des Holzbaus sind durchgängig mit Lärche verkleidet, auf den Böden ist Nussbaumparkett verlegt. Über eine Schiebetür lässt sich der gesamte östliche Bereich des Hauses, in dem sich die Rückzugsräume der Kinder und Eltern befinden, vom Eingangsbereich abtrennen. Als Zweispänner verteilt der Grundriss zwei Kinder- und ein Elternschlafzimmer sowie das Gästezimmer in Richtung Süden und Norden. Schon beim Aufstehen am Morgen haben die Kinder und die Eltern die Apfelbäume im Blick und können die durchlaufende Terrasse jederzeit von ihren Zimmern aus betreten.

UNTEN: Das Schlafzimmer ist ein wohnlicher Rückzugsraum, der Blick fällt ungehindert auf die umgebende Landschaft.

UNTEN: Von klaren, nüchternen Linien und reduzierten, natürlichen Materialien ist auch das Badezimmer bestimmt, passend zum wohnlichen Gestaltungskosmos des gesamten Hauses.

LINKS: Die Kinderzimmer sind hell und lichtdurchflutet. Sie können nicht nur zum Schlafen, sondern auch als Rückzugsinseln zum Spielen genutzt werden.

LINKS: Mit dem Alter der Kinder ändern sich auch die Prioritäten. Für den Sohn der Bauherren sind noch nicht Schreibtisch und Stuhl, sondern Bauklötze und Kräne relevant.

OBEN: Die nördliche Eingangsseite schottet sich weitgehend von den nahen Wirtschaftsgebäuden des landwirtschaftlichen Betriebs ab. Eine Betontreppe markiert den Eingang.

LINKS BEIDE: Neben dem überdachten Haupteingang, der dem Baukörper eingeschnitten ist, können die Eltern nach einem Arbeitstag die seitliche Schmutzschleuse nutzen.

VORTEILE FÜR FAMILIEN

Die geschützte, auf drei Hausseiten umlaufende Terrasse kann von allen Zimmern aus genutzt werden. Auch die Kinder können so ohne Umwege ins Freie. Der großzügige Gemeinschaftsbereich ist durch eine Schiebetür von den ruhigen Rückzugsräumen getrennt.

GEBÄUDEDATEN

Grundstücksgröße: 1.134 m²
Wohnfläche: 174 m²
Zusätzliche Nutzfläche: 130 m²
Anzahl der Bewohner: 4
Bauweise: Holzbau mit Betonbodenplatte
Baukosten: keine Angaben
Heizwärmebedarf: 35 kWh/m²a
Fertigstellung: 2010

LINKS: Die Ostseite des Hauses ist holzverkleidet und schützt das Schlafzimmer der Eltern vor zu viel Morgensonne. Bodentiefe Fenster öffnen das Bad zur Landschaft.

UNTEN: Das flache eingeschossige Haus duckt sich zwischen Apfelfeldern, die der Familie gehören.

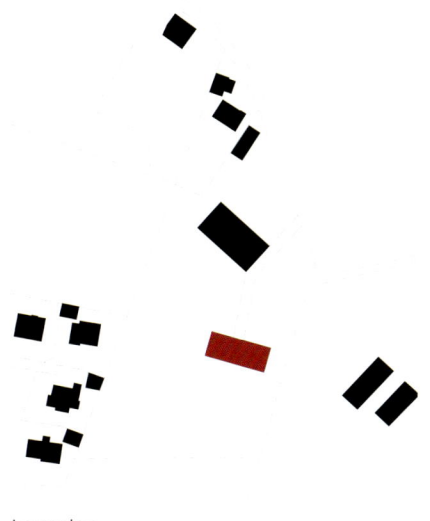

Lageplan

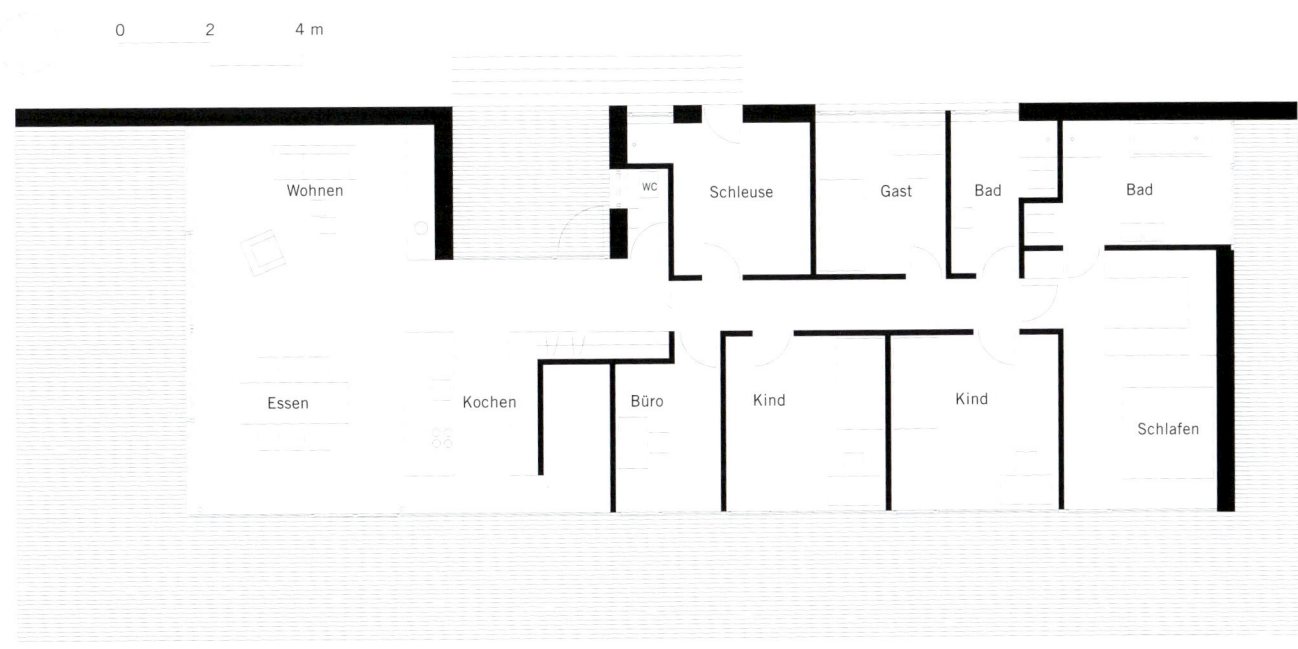

Grundriss

THOMAS MAHLKNECHT, IGOR COMPLOI, MAHLKNECHT COMPLOI ARCHITEKTEN

» *Das Haus kann ohne großen Aufwand auf Veränderungen der Familiensituation eingehen. Die kleine Einliegerwohnung kann stufenweise vergrößert werden, sobald sich die Kinder mehr Eigenständigkeit wünschen.* «

KLARE AUSSICHTEN
Haus D im Grödnertal/Südtirol (Italien)

Mit ihrem neuen Domizil in St. Ulrich im Grödnertal hat die Südtiroler Bauherrenfamilie für die Zukunft vorgesorgt. Die insgesamt 210 Quadratmeter Wohnfläche des großen Satteldachhauses können flexibel aufgeteilt werden – in größere oder kleinere Wohneinheiten, je nach Bedarf und Lebenssituation der Bewohner. Heute wohnt die vierköpfige Familie auf insgesamt 175 Quadratmetern Fläche und vermietet die kleine Einliegerwohnung mit zwei Zimmern. Später einmal, wenn die Kinder größer sind, kann der Grundriss ohne großen Aufwand so verändert werden, dass zwei gleichwertige Wohnungen entstehen.

Schon während der langen Planungsphase haben die Brixener Architekten Igor Comploi und Thomas Mahlknecht gemeinsam mit den Bauherren verschiedene Zukunftsszenarien des Familienalltags diskutiert und in der flexiblen Organisation des Grundrisses berücksichtigt. Seine Rückseite schiebt das Holzhaus in den felsigen Steilhang über dem Grödnertal. Die Südseite hingegen öffnet sich mit durchgängigen, großen Fensterflächen auf das pittoreske Panorama der Dolomiten, das in nahezu allen Innenräumen sichtbar ist. Regionale Materialien prägen das nachhaltige Konzept des klaren Baukörpers, der rundherum bis zum Dach mit Lärchenholz verkleidet ist. Mit Bedacht auf die Energiebilanz wurden dreifachverglaste Fenster in die Außenhülle gesetzt und Solarkollektoren in einem versteckten Winkel des Gartens untergebracht. Trotz des kalten und langen Winters in den Alpen kommen die Bewohner mit einem Heizwärmebedarf von nur 21 kW pro Jahr und Quadratmeter aus.

Die Innenräume sind ebenso reduziert wie bodenständig und mit natürlichen Materialien sowie großer Sorgfalt und handwerklicher Qualität in den Details ausgebaut. Sägeraue Lärche kleidet die Böden, Wände und Treppen des Hauses in einen sinnlichen Wohnkosmos. Bündig in die Wände eingelassene Türen kommen ohne Klinken und Türstöcke aus. Die einheitlichen Holz- und Einbaumöbel, ebenfalls von Mahlknecht Comploi entworfen, sind in ihren Formen reduziert und lenken nicht vom Blick in die Landschaft ab.

RECHTS: Der Winter im Südtiroler Grödnertal kann lange dauern und recht kalt ausfallen. Doch die Bauherren und die Architekten haben vorgesorgt. Dank Dreifachverglasungen, hochwärmegedämmter Gebäudehülle und kontrollierter Belüftung kommt das Holzhaus mit sehr wenig Energie aus.

UNTEN BEIDE: Die überdachte Terrasse erweitert den Wohnraum im Freien und geht seitlich in den Garten über. Die großzügige Wohnzone ist durch einen Wandvorsprung vom Essbereich getrennt und lädt mit reduzierten Möbeln zum Verweilen ein.

OBEN: Eine große Panoramascheibe öffnet den Wohnraum im Hauptgeschoss auf die vorgelagerte Terrasse und lenkt den Blick in die Landschaft. Dunkle Wand- und Möbelelemente aus gebeizter Lärche und Stahlpaneelen geben den Räumen eine ebenso edle wie reduzierte Anmutung.

Von der Hangseite aus führt der Eingangsbereich im Obergeschoss zu einem großen Wohnraum, der seine Längsseite mit durchlaufenden Glasschiebelementen zum überdachten Balkon und zum seitlichen Garten öffnet. Gekocht wird an einer frei stehenden Kochinsel mit dunkler Granitarbeitsfläche und Blick auf die Berge. Schränke aus schwarz gebeizter Lärche und Schwarzstahlelementen heben den Küchenbereich farblich ab und verwandeln ihn in eine geometrische Raumskulptur. Der östliche Wohnbereich setzt die Material- und Farbgebung durch die dunklen Stahlpaneele an seiner rückwärtigen Wand fort. Ein Arbeitszimmer und eine zusätzliche Stube ergänzen die Gemeinschaftsebene. Hier können sich die Eltern in Ruhe zurückziehen oder Gäste empfangen.

Auch die beiden Kinder- und das Elternschlafzimmer im Untergeschoss geben der Aussicht auf die Berge Vorrang. Sie rahmen das Panorama in großen Fensterflächen, die sich ebenerdig zum Garten öffnen lassen. Im Bad variierten die Architekten das reduzierte Spiel aus Materialien durch Wände und Decken aus schwarz durchgefärbtem Beton. Eine rückwärtige Sauna verwandelt den hellen Raum in eine private Rückzugszone mit Alpenblick.

OBEN UND LINKS: Auch die Schlafzimmer im unteren Geschoss sind in duftende sägeraue Lärche gehüllt und in ihrer Farbgestaltung an das gesamte Haus angepasst. Vom Bett aus fällt der Blick durch das raumhohe Fenster auf die Berglandschaft (oben: Elternschlafzimmer, unten: Kinderzimmer).

RECHTS: Das Badezimmer mit Dusche und frei stehender Wanne vor dem Fenster.

RECHTS UNTEN: Auch im Treppenhaus verbreiten die einheitlichen, reduzierten Materialien eine wohnliche Stimmung.

GEBÄUDEDATEN

Grundstücksgröße: 1.867 m²
Wohnfläche: 210 m² (Hauptwohnung 175 m², Einliegerwohnung 35 m²)
Zusätzliche Nutzfläche: 80 m²
Anzahl der Bewohner: 4 (Hauptwohnung), 2 (Einliegerwohnung)
Bauweise: Holzständerbau
Baukosten: keine Angaben
Heizwärmebedarf: 21 kWh/m²a
Primärenergiebedarf: 80 kWh/m²a
Fertigstellung: 2011

VORTEILE FÜR FAMILIEN

Der offene Wohn- und Kochbereich mit vorgelagertem Balkon und Garten bildet das kommunikative Zentrum des Familienalltags. Ein zusätzliches Wohnzimmer – die Stube – ist akustisch davon getrennt und kann zum Empfang von Gästen oder als ruhiger Rückzugsort genutzt werden.

LINKS: Die seitliche Gartenterrasse ist der Wohnetage zugeordnet und bietet auch einen überdachten Essplatz im Freien.

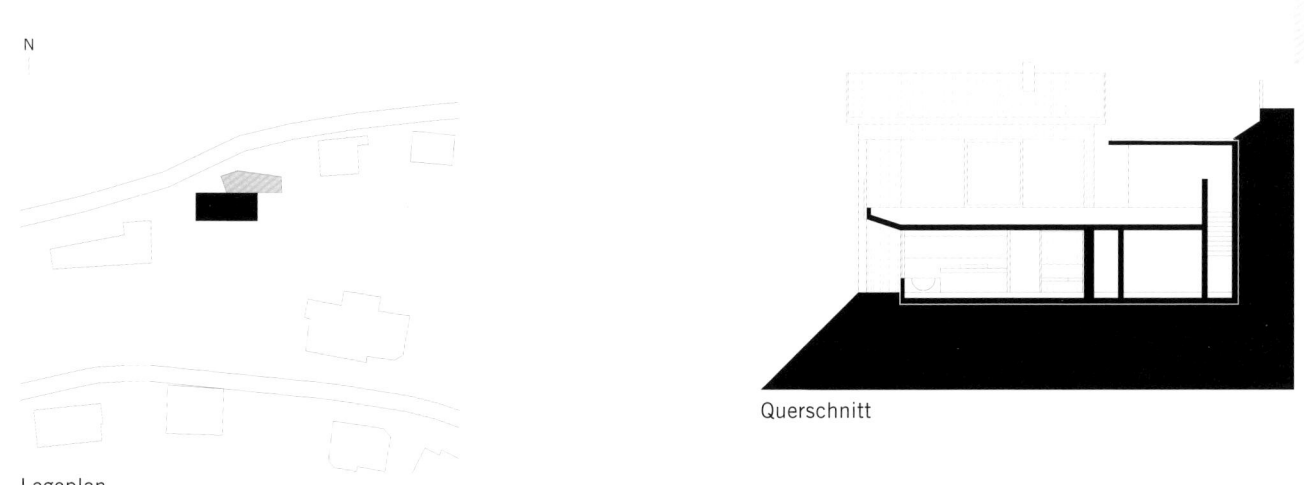

Lageplan

Querschnitt

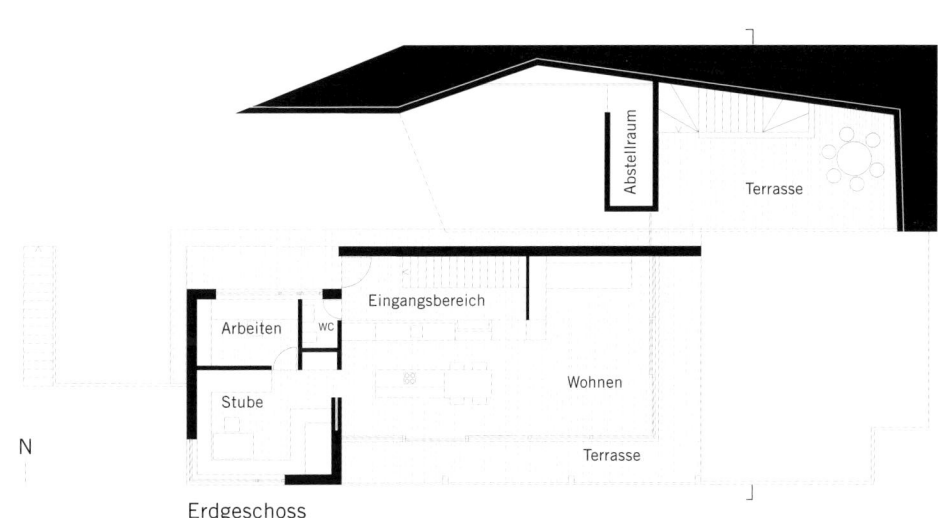

Erdgeschoss

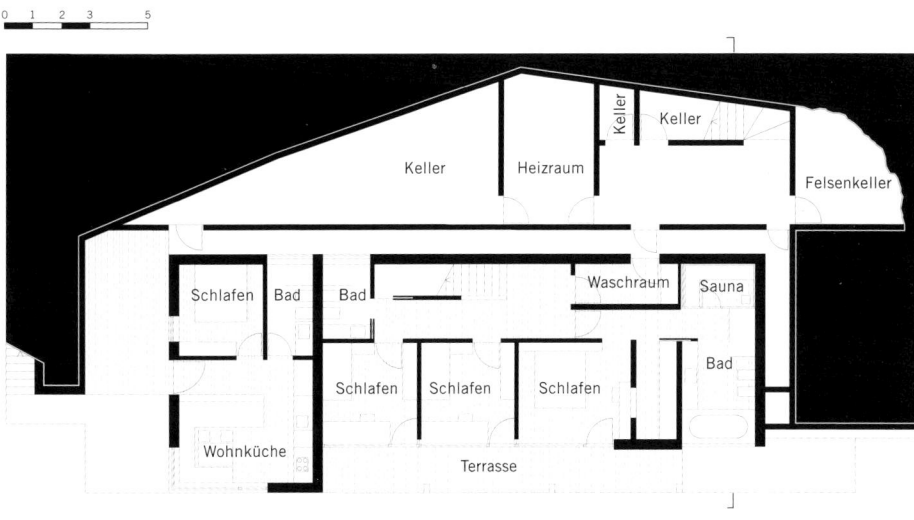

Untergeschoss

FLORIAN NAGLER ARCHITEKTEN

» *Einerseits galt es, das Baurecht einzuhalten, andererseits, den Charakter des schönen Hauses zu erhalten. Durch Drehung der Firstrichtung konnten wir auf Anbauten verzichten und ein Zimmer für jedes Kind sowie einen Rückzugsbereich für die Eltern vorsehen.* «

OPTIMALE ERGÄNZUNG
Um- und Anbau in Langenargen/Bodensee

Als die junge Familie vor wenigen Jahren eine Villa aus den 1920er-Jahren in Langenargen am schwäbischen Bodenseeufer erworben hatte, war die Wohnfläche mit 120 Quadratmetern noch ausreichend für den Alltag mit einem Kind. Doch schon bald war das Haus für die nunmehr fünfköpfige Familie zu klein geworden. Der Anbau und die Sanierung sollten deshalb das Raumprogramm deutlich erweitern und energetische Standards setzen, ohne den Charakter des schönen Bestandsgebäudes zu beeinträchtigen. Während der kurzen Bauzeit von sechs Wintermonaten wohnte die Familie in einer Ferienwohnung.

Da Anbauten die klare Kubatur und die Proportionen des Gebäudes zerstört hätten, schlug der Münchner Architekt Florian Nagler die Überbauung der Gartenterrasse im Süden vor. Über die so erweiterte Grundfläche des Hauses wurde ein neues Dach gespannt. Seine Form orientiert sich am ursprünglichen Walmdach des Bestands, dessen Firstrichtung gedreht und somit neu ausgerichtet wurde. Auch der Erker an der Ostseite wurde beibehalten und in Holztafelbauweise mit massiven Decken neu errichtet. Statt der ursprünglichen gelben Putzfassaden präsentiert sich das Haus heute mit einer vornehmen Außenhülle aus grau lasierter, sägerauer Weißtanne. Weiße Fensterrahmen stärken die klaren Proportionen des Gebäudes und stechen optisch aus den matt schimmernden Fassaden hervor.

Im Inneren entstanden durch den Umbau insgesamt 100 Quadratmeter zusätzliche Wohnfläche. Die frühere Gartenterrasse wird heute als Loggia genutzt. Sie ergänzt den offenen Grundriss im Erdgeschoss um eine geschützte Fläche im Freien. Die großzügige Verglasung über die gesamte Länge des zentralen Wohnraums lenkt das Licht in die durchgängigen Gemeinschaftszonen mit Wohn- und Essbereich sowie der rückwärtigen, offenen Küche. Der erste Stock des Hauses ist als Kinderetage konzipiert. Hier entstanden neben dem vorhandenen Gäste- und Kinderzimmer zwei weitere Räume, sodass jedes Kind nun über sein eigenes Reich verfügt. Auch für die Eltern gibt es nach dem Umbau deutlich mehr Platz. Ihr Schlaf- und Arbeitszimmer unter dem Dach öffnet sich mit großen Gaubenfenstern Richtung Osten und Westen, während sich das angrenzende Bad und die Ankleide zu den anderen Himmelrichtungen orientieren.

RECHTS: Klare Proportionen: Nach dem Umbau ist die Gartenterrasse des Hauses überdacht und wird nunmehr als wettersichere Loggia genutzt. Die weißen Fensterrahmen stechen aus der Fassade aus grau lasierter Weißtanne hervor.

LINKS OBEN UND MITTE: Der großzügige Wohnbereich im Erdgeschoss bietet verschiedene Zonen und Nutzungsmöglichkeiten. Das durchgängige geölte Eichenparkett hat sich dank seiner Belastbarkeit und Strapazierfähigkeit im Alltag mit Kindern bewährt.

LINKS UNTEN: Raumhohe Fenster öffnen den großen Wohnraum auf die vorgelagerte Loggia, die in den Garten übergeht und so die Wohnflächen erweitert.

RECHTS OBEN UND MITTE: Die Küche ist als zweckmäßiger eigener Bereich konzipiert, der mit dem Wohnraum verbunden ist und doch eine eigene Atmosphäre hat. Der Esstisch, der sich in Sichtweite zur Kochzeile befindet, bietet Platz für alle Familienmitglieder und ihre Freunde.

RECHTS UNTEN: Kindererker: Das eigene kleine Reich der Kinder ist mit einer Stufe vom Wohnraum abgesetzt. Am niedrigen Tisch wird gemalt, gebastelt und manchmal auch gegessen.

Dreifachverglaste Fenster und die Fassadendämmung aus Steinwolle halten die Wärme in den Innenräumen. Eine Lüftungsanlage mit Rotationswärmetauscher im Dachspitz setzt außerdem neue Maßstäbe für den Energiehaushalt. Insgesamt wählten die Bauherrenfamilie und der Architekt für den Umbau reduzierte Materialien sowie einfach aufzufrischende und robuste Oberflächen, die sich im Alltag mit Kindern bewähren. So ist in den Innenräumen durchgängig geöltes Eichenparkett verlegt, sowohl im Bestandsgebäude als auch im Anbau. Die Wände sind weiß verputzt, und der neue, scharrierte Betonsockel auf der Gartenseite wirkt durch seine raue Oberfläche wie ein Teil der historischen Bausubstanz.

LINKS OBEN: Im ersten Stock sind durch den Umbau zwei zusätzliche Kinderzimmer entstanden – mit viel Licht, das über Fenster auf zwei Seiten in den Raum fällt.

LINKS UNTEN BEIDE: Der ruhige Bereich der Eltern liegt ganz oben, unter dem Dach. Die Wände der Ankleide sind unter den Dachschrägen zu Schränken umfunktioniert. Neben dem Schlafzimmer befindet sich das Bad – mit eigenem, versteckt angeordnetem Duschbereich.

RECHTS: Die raue Oberfläche des neuen, scharrierten Betonsockels auf der Gartenseite fügt sich in den optischen Gesamteindruck.

RECHTS UNTEN: Auf der Nordwestseite entstand ein neuer Eingangserker, der in Holztafelbau mit Massivholzdecken errichtet wurde.

LINKS BEIDE: Auch wenn die gelben Putzfassaden beim Umbau durch Holzverkleidungen ersetzt wurden, präsentiert sich das Walmdachhaus nach wie vor in seiner ursprünglichen Struktur. Neben dem erweiterten Raumprogramm setzt das umgebaute Haus auch neue energetische Maßstäbe.

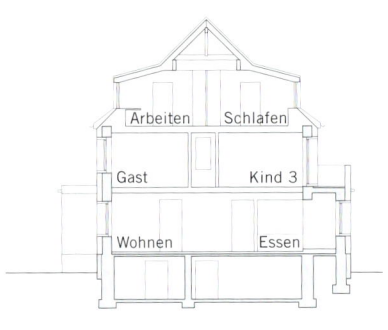

Querschnitt

Lageplan

GEBÄUDEDATEN

Grundstücksgröße: 1.200 m²
Wohnfläche: 220 m²
Zusätzliche Nutzfläche: 30 m²
Anzahl der Bewohner: 5
Bauweise: massiv (Bestand), Holz (Erweiterung)
Baukosten gesamt: 375.000 €
Baukosten je m² Wohn- und Nutzfläche: 1.500 €
Heizwärmebedarf: 31,7 kWh/m²a
Primärenergiebedarf: 70,5 kWh/m²a
Fertigstellung: 2011

VORTEILE FÜR FAMILIEN

Robuste und einfach aufzufrischende Oberflächen wie geöltes Eichenparkett und weiß verputzte Wände bewähren sich im Familienalltag. Durch den Anbau verfügt jedes Kind über ein eigenes Zimmer – und für die Eltern ist deutlich mehr Platz unter dem großen Walmdach.

UNTEN: Mit Sorgfalt bedachten die Architekten auch die Details wie das Wasserbecken im Betonsockel oder die Holzfenster mit Dreifachverglasung.

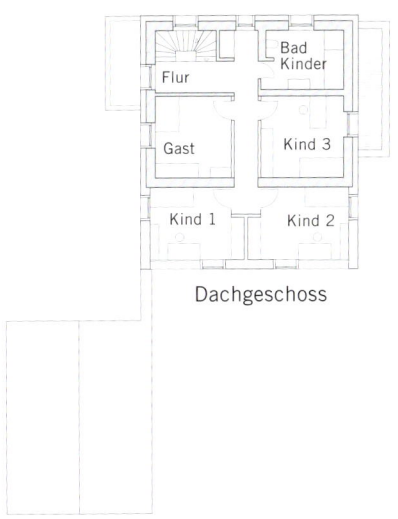

Dachgeschoss

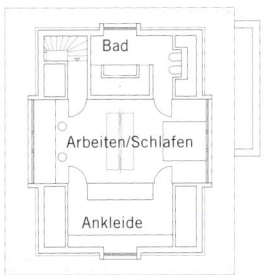

Obergeschoss

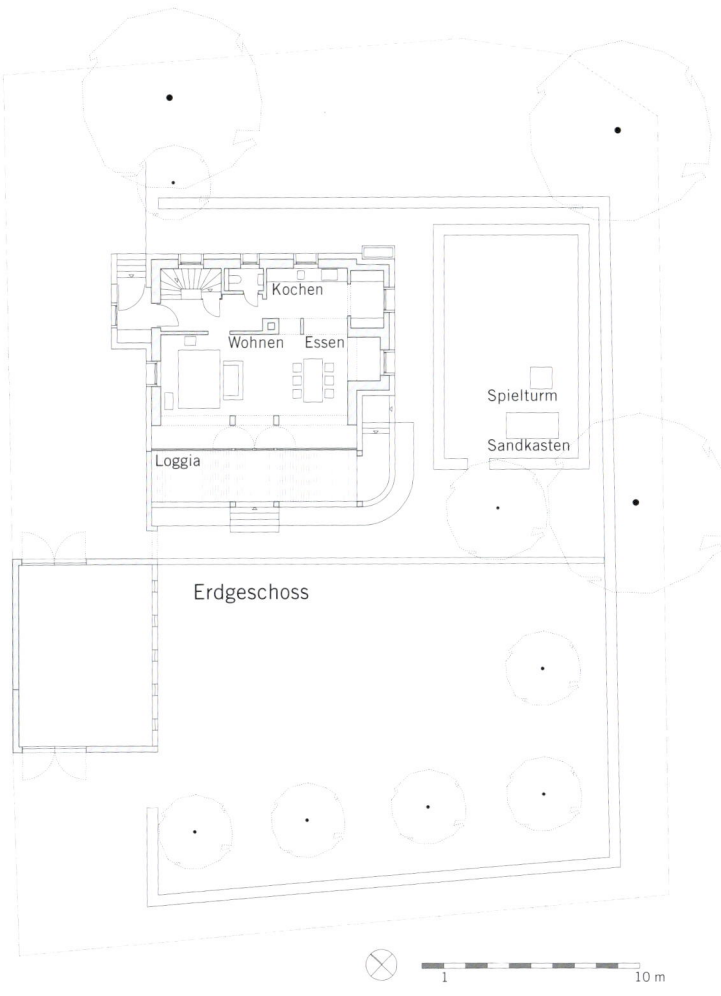

Erdgeschoss

ULRICH ZEIGER, WACKER ZEIGER ARCHITEKTEN

» *Das Haus bietet sowohl Offenheit als auch Rückzugsmöglichkeiten. Treffpunkt der Familie ist das Erdgeschoss mit seiner zentralen Küche. Sie ist nicht nur zum Kochen da, sondern auch ein Ort der Kommunikation.* «

FEIN PROPORTIONIERTE WOHNSKULPTUR
Holzhaus in Reinbek bei Hamburg

Von Weitem wirkt das neue Domizil der fünfköpfigen Familie in Reinbek wie eine geometrische Skulptur im Grünen. Mit Vor- und Rücksprüngen stapelt sich das Holzhaus zu einem fein proportionierten und vielschichtigen Baukörper, der sich rundherum in Lärchenholzlatten hüllt. Dunkel gerahmte Fenster unterstützen die klare Geometrie des dreigeschossigen Flachdachbaus. Seine klaren Flächen und Öffnungen sind in unterschiedlichen Variationen kombiniert und ergeben überraschende Ansichten. Das kantige Volumen erhebt sich auf einem weitläufigen Gartengrundstück am Ufer der Bille.

Den Geländeverlauf des Areals nutzten Wacker Zeiger Architekten für einen Ebenenversatz, der die Innenräume mit insgesamt 334 Quadratmetern Wohnfläche gliedert. Die zentrale Küche im Erdgeschoss bildet den Dreh- und Angelpunkt für den Alltag. Große Fenster lenken den Blick in den Garten, der etwas tiefer gelegene Wohnbereich samt Kamin ist optisch von der offenen Küche abgesetzt und orientiert sich nach Süden. Luftig und leicht wirkt auch der Essbereich, der sich über zwei Geschosse in die Höhe streckt. Die durchgängige Verglasung zum Garten hin bezieht die vorgelagerte Terrasse mit in die Wohnflächen ein und bereichert diese durch den Blick ins Grüne.

Das Haus wurde als Holzelement- und Holzstapelkonstruktion auf einem Untergeschoss aus Beton errichtet. In den Innenräumen wird diese Bauweise an Oberflächen aus Sichtbeton und an den Stapelholzdecken sichtbar. Weiß verputzte Wandflächen und Mehrschichtholzdielen aus Eiche ergänzen die reduzierte und gleichzeitig wohnliche Atmosphäre, die sich aus der Wahl dieser klaren Materialien ergibt.

Im ersten Stock befinden sich die Rückzugsbereiche und das Büro der Eltern. Alle Zimmer reihen sich um eine mittige Treppe, wobei der Arbeitsraum im vorspringenden Gebäudeteil als offener Bereich konzipiert ist. Er bleibt über den Luftraum im Flur mit den Gemeinschaftsflächen verbunden und lässt sich bei

RECHTS: Wie eine minimalistische Skulptur im Grünen stapeln sich die Stockwerke des kubischen Einfamilienhauses zu einem kompakten Ganzen übereinander.

LINKS: Unterschiedliche Deckenhöhen und Ausblicke in alle Richtungen machen den zentralen Wohnbereich im Erdgeschoss zu einem großzügigen Aufenthaltsort für verschiedenste Aktivitäten.

OBEN: Das Wohnzimmer orientiert sich Richtung Süden – sein Kamin scheint mitten in der Landschaft platziert zu sein. Auf den Böden im gesamten Haus sind Mehrschichtholzdielen aus Eiche verlegt.

UNTEN: Die frei stehende Insel der offenen Küche ist in den Wohnbereich integriert und doch seitlich von ihm abgesetzt. Ausblicke ins Grüne gehören auch hier mit zum Alltagsleben.

Bedarf durch eine Schiebetür schließen. Das Staffelgeschoss unter dem Dach ist das Reich der Kinder. Hier weitet sich der zentrale Flur zu einer Spielzone, die wie die restlichen Flächen mit robustem graubeigen Linoleum als Bodenbelag ausgestattet ist. Große Glasschiebetüren geben den Zugang zu einer 50 Quadratmeter großen Dachterrasse frei, welche die beiden jüngeren Kinder der Familie als Spielparadies im Freien nutzen. Die ältere Tochter hingegen wohnt derzeit im Untergeschoss, das durch einen Tiefhof an der Ostseite des Hauses belichtet wird. So kann sie sich nach Wunsch vom Familientrubel in ihr eigenes Zimmer zurückziehen. Da die Räume im Untergeschoss eine eigene Haustür haben, können sie später als separate Wohnung genutzt werden.

NICK BRANDT

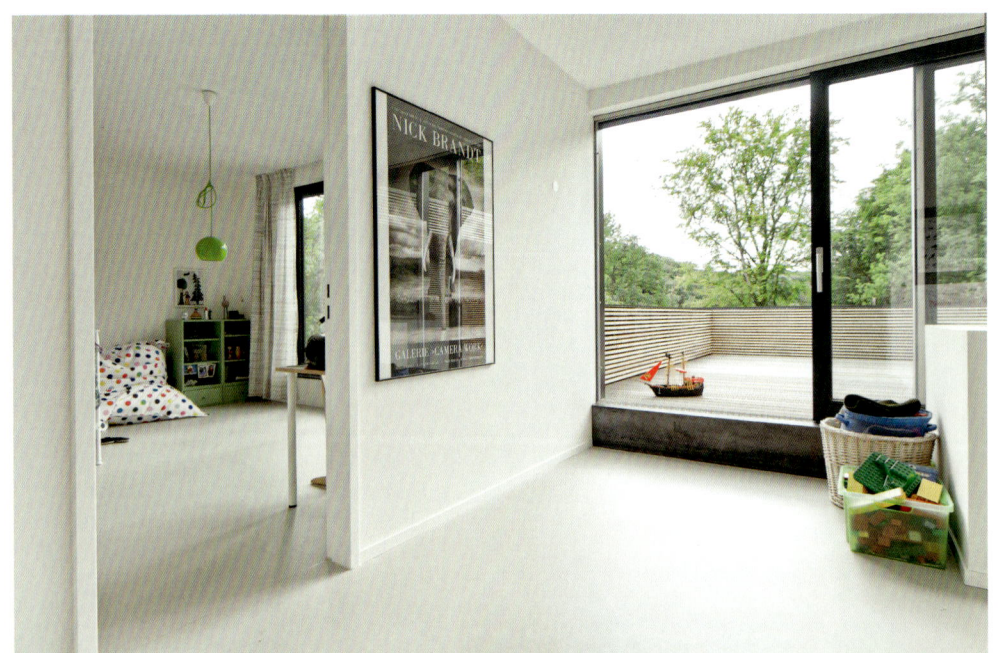

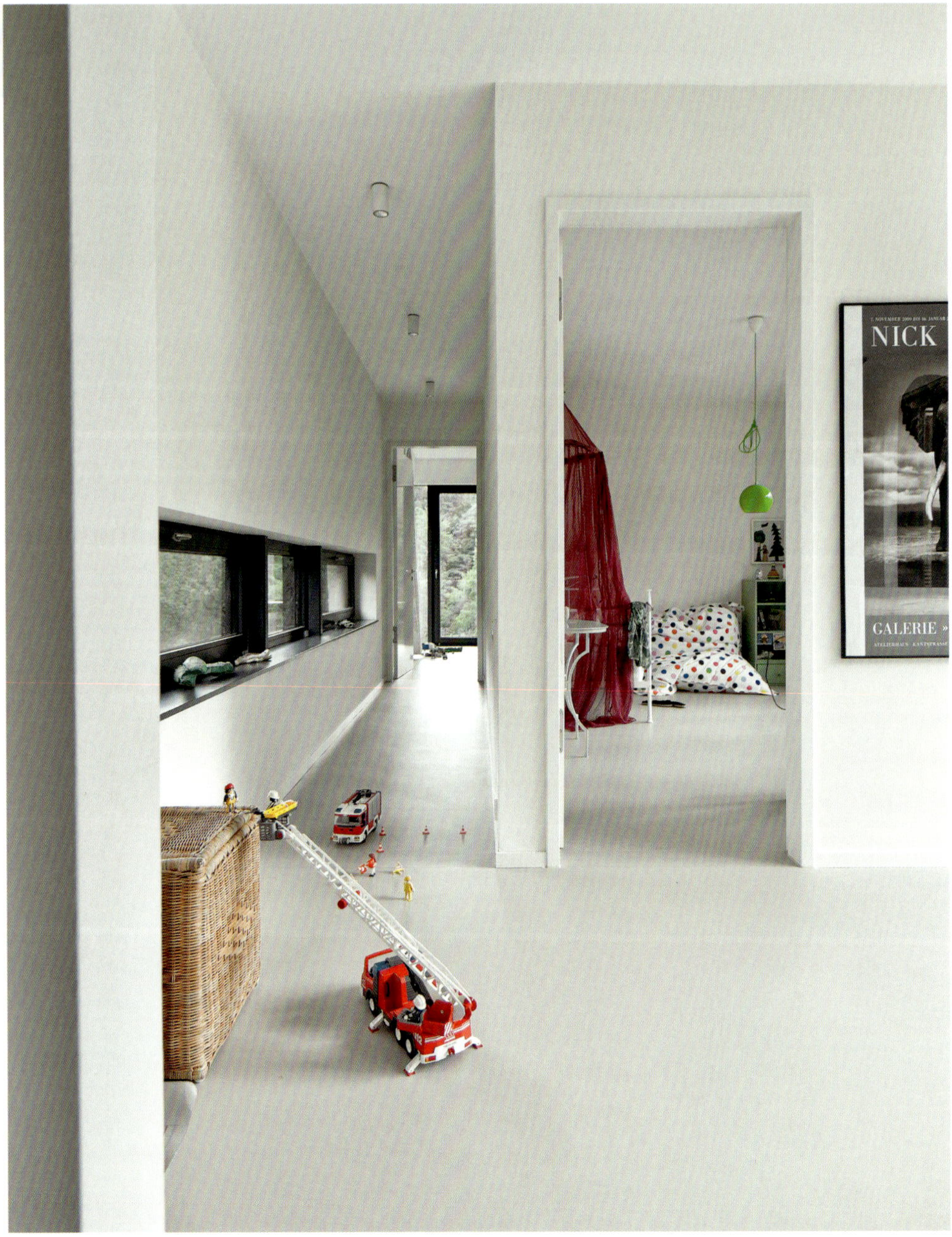
NICK
GALERIE »

OBEN: Auch auf der Gartenseite sind die Lärchenholzfassaden samt den dunkel gerahmten Fenstern Charakteristikum des Hauses.

RECHTS: Die Bäder sind bewusst schlicht gehalten und entsprechen der Architektursprache des gesamten Hauses.

LINKE SEITE BEIDE: Das Staffelgeschoss ganz oben ist den Kinder vorbehalten. Ihre Zimmer breiten sich zu einem lichtdurchfluteten, freundlichen Reich mit Dachterrasse aus.

GEBÄUDEDATEN

Grundstücksgröße: 13.475 m²
Wohnfläche: 334 m²
Zusätzliche Nutzfläche: 48 m²
Anzahl der Bewohner: 5
Bauweise: Holzelement- und -stapelkonstruktion, Untergeschoss Stahlbeton
Baukosten gesamt: 702.500 €
Baukosten je m² Wohn- und Nutzfläche: 1.840 €
Heizwärmebedarf: 54,3 kWh/m²a
Primärenergiebedarf: 47,9 kWh/m²a
Fertigstellung: 2012

VORTEILE FÜR FAMILIEN

Durch einen Tiefhof erhält das Untergeschoss Tageslicht, sodass zusätzliche Räume mit Wohnqualität entstehen. Dank des eigenen Eingangs können die Zimmer später einmal als Einliegerwohnung von den restlichen Flächen abgekoppelt werden.

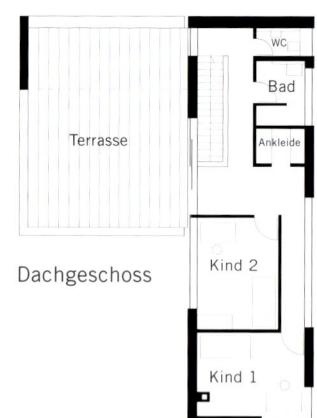

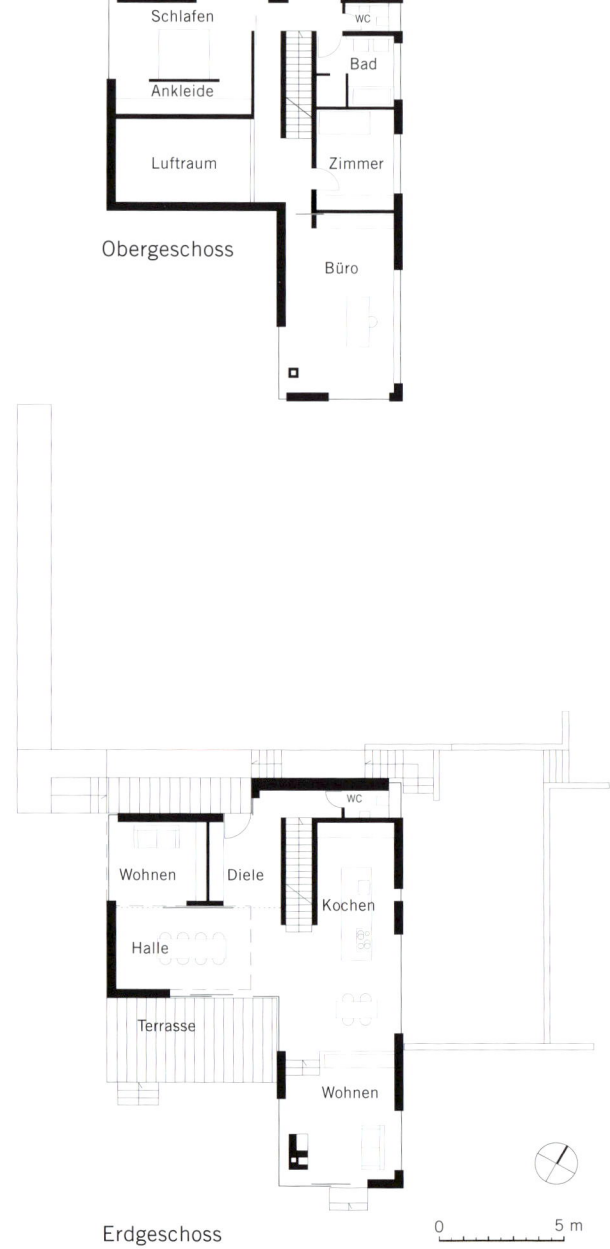

Untergeschoss

Erdgeschoss

OBEN: Terrassen, Loggien und klare Formen prägen die Gestalt des Hauses, das von jeder Seite ein anderes Gesicht zeigt.

OBEN RECHTS: Der überdachte Hauseingang ist in den Baukörper eingeschnitten. Zu ihm führt eine Betontreppe, die den Weg im Gelände markiert.

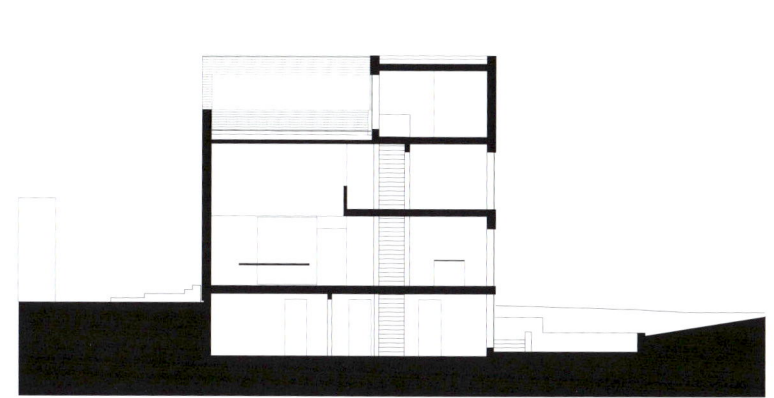

Schnitt

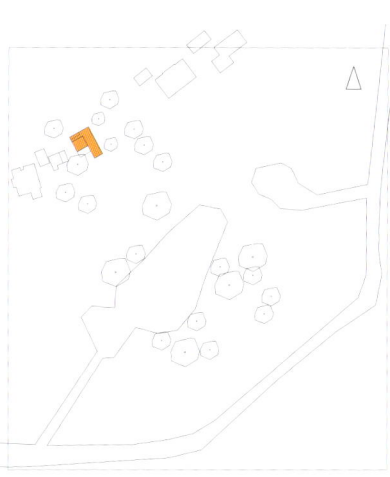

Lageplan

HELENA WEBER

> *Der Entwurf soll den unterschiedlichen Lebensphasen der Bewohner, die eventuell andere Strukturen benötigen, mit einem flexiblen Raumgefüge gerecht werden.*

SORGFÄLTIGE LEBENSPLANUNG
Haus HF in Alberschwende/Bregenzerwald (Österreich)

Saftige Wiesen und Nadelwälder säumen die Hügelketten im Bregenzerwald. Der Holzbau hat in dieser Kulturlandschaft im österreichischen Vorarlberg eine lange Tradition, die sich über mehrere Handwerksgenerationen auf ausgefeilte Techniken im Umgang mit lokalen Ressourcen spezialisiert hat. Das neue Haus des jungen Bauherrenpaars (die Bauherrin war zu Beginn der Planung 24 Jahre alt) sollte sich auf diese Tradition stützen und Raum für die künftige Familienplanung schaffen.

Helena Weber aus Dornbirn konzipierte das Einfamilienhaus für das Bauherrenpaar als einen kompakten Baukörper, dessen Rückseite sich aus dem Hang der Hügellandschaft bei Alberschwende schiebt. Als Plateau schiebt sich die schmale Westfront zur Straßenseite hinaus und lässt unter seiner Auskragung Raum für einen überdachten Autostellplatz. Gemeinsam mit lokalen Handwerksbetrieben entwickelte die Architektin das Haus in Holzelementbauweise auf einem massiven Betonuntergeschoss. Materialien, die unmittelbar aus dem umgebenden Naturraum stammen, geben dem modernen Familiendomizil einen ortsbezogenen Charakter. Die beiden oberen Geschosse sind mit unbehandelter Weißtanne verkleidet, welche die Fassaden in silbrigem Farbton schimmern lässt. Auf den Betonflächen des Untergeschosses sind innen wie außen feine Holztexturen erkennbar, die durch raue Einlegbretter in den Betonschalungen entstanden sind. Schmale seitliche Fensterschlitze sowie flächige Verglasungen und Einschnitte in das Gebäudevolumen fangen das Licht für die Innenräume ein. Unter den Auskragungen im Westen und Osten öffnen sich jeweils großzügige Terrassen mit Morgen- oder Abendlicht.

Die Innenräume sind mit samtigen Holzoberflächen aus Weißtanne vertäfelt, deren Duft die wohnliche Atmosphäre prägt. Vom Untergeschoss führt eine schlichte Treppe zur zentralen Gemeinschaftsebene, in der Küche, Essbereich und Wohnzimmer zusammengefasst sind. Bodentiefe Fensterflächen lassen das Licht von vier Seiten in den durchgängigen Raum strömen und geben den Blick auf die malerische Landschaft frei. Wie selbstverständlich sind die Frühstücks- und die Gartenterrasse mit ebenerdigem Ausgang ins Grüne in die fließenden Wohnflächen einbezogen.

RECHTS: Rückseitig gräbt sich das Haus in den Hang. Nach vorne hingegen öffnet es sich mit zwei Terrassen auf den malerischen Ausblick des Bregenzerwaldes. Sämtliche Fassaden des Holzelementbaus auf massivem Untergeschoss sind mit unbehandelter Weißtanne verkleidet.

Die Trennwände im Obergeschoss sind in Leichtbauweise ausgeführt. Sie können ohne großen Aufwand an wechselnde Raumbedürfnisse und Grundrisse angepasst werden. Neben den beiden Kinderschlafzimmern, dem Rückzugsraum für die Bauherren und einem Arbeitszimmer breitet sich im Osten ein multifunktionaler Freizeitraum aus. Die Bauherren nutzen ihn samt der uneinsehbaren Aussichtsterrasse vor seiner großen Fensterfront derzeit als Home-Spa. Viele Stunden Eigenleistung haben sie beim Bau ihres Hauses tatkräftig eingebracht. Mit Bedacht auf die Zukunft haben sie sich für die Passivhaus-Technologie mit kontrollierter Be- und Entlüftung entschieden. Der geringe zusätzliche Wärmebedarf des Hauses wird über eine geothermische Anlage mit Tiefensonden gedeckt. Weitsichtig ist auch das Grundrisskonzept auf mögliche künftige Familienkonstellationen ausgelegt. Denn die beiden Obergeschosse lassen sich durch einen zusätzlichen Eingang im Norden als eigenständige Wohneinheiten voneinander abkoppeln. Sollte Bedarf für mehr Raum entstehen, kann auf der Südseite des Grundstücks auch noch ein zweites Haus oder ein Anbau entstehen.

LINKS: Im ersten Stock erstreckt sich über die gesamte Grundrissfläche der zentrale Wohnraum. Große Glasfronten öffnen sich in die Landschaft und zur vorgelagerten überdachten Terrasse.

RECHTS: Im oberen Geschoss liegen die privaten Rückzugsräume, die in Leichtbauweise ausgeführt sind. Bei Bedarf kann der Grundriss ohne große Umstände neu gestaltet werden.

RECHTS BEIDE: Vom untersten Geschoss führt eine Holztreppe in den zentralen Wohnraum. Sollte es gewünscht sein, kann dieser auch vom Dachgeschoss abgetrennt werden, sodass zwei separate Wohneinheiten mit eigenen Eingängen entstehen.

OBEN: Zimmer mit Aussicht: Schmale, horizontale Fensterschlitze geben den Blick von den Schlafzimmern in die Landschaft frei. Auch hier wurde auf einheitliche Materialien – weiß verputzte Wände und Holzoberflächen – geachtet.

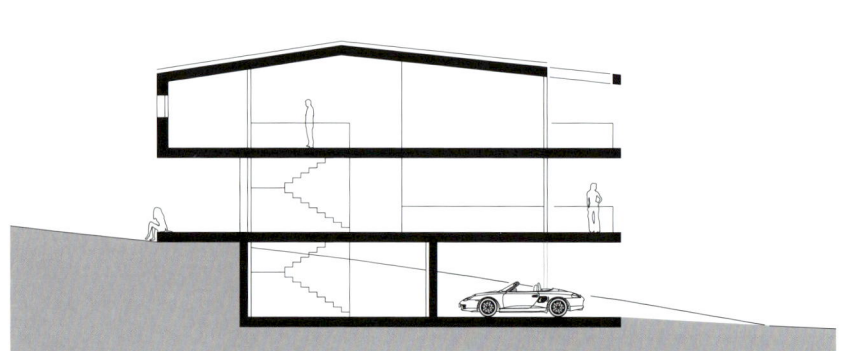

Längsschnitt

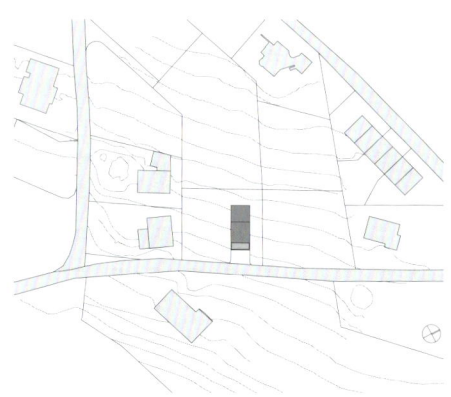

Lageplan

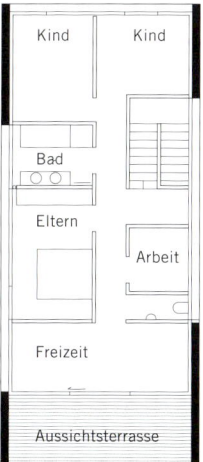

Obergeschoss

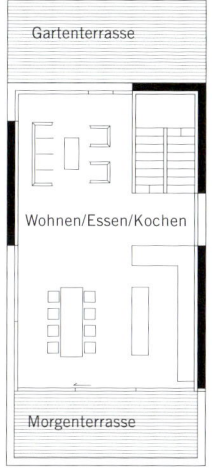

Erdgeschoss

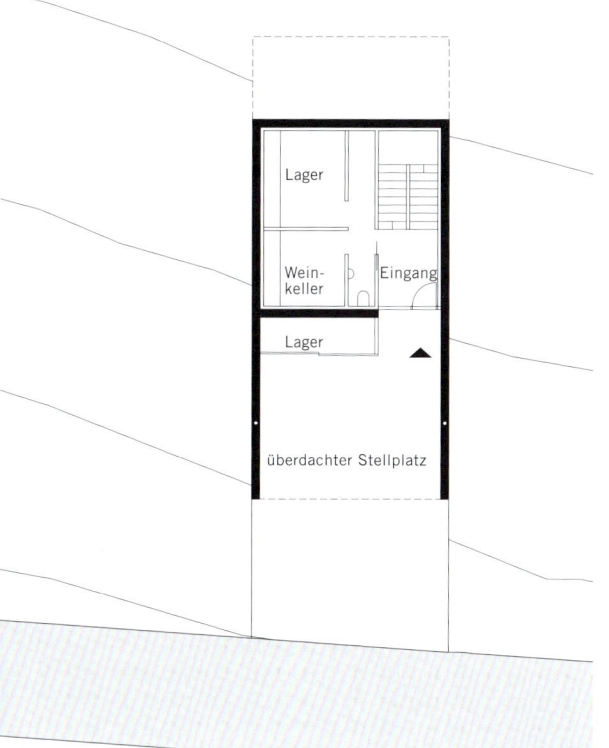

Untergeschoss

GEBÄUDEDATEN

Grundstücksgröße: 828 m²
Wohnfläche: 137 m²
Zusätzliche Nutzfläche: 36 m²
Anzahl der Bewohner: 2
Bauweise: Holzelementbau auf massivem Betonuntergeschoss
Baukosten gesamt: 335.000 €
Baukosten je m² Wohn- und Nutzfläche: 1.936 €
Heizwärmebedarf: 15,5 kWh/m²a
Primärenergiebedarf: 45 kWh/m²a
Fertigstellung: 2010

VORTEILE FÜR FAMILIEN

Trennwände in Leichtbauweise organisieren die Räume im Obergeschoss. So kann der Grundriss je nach Bedarf und ohne großen Aufwand verändert werden. Ein zusätzlicher Eingang schafft die Option, die beiden Stockwerke später einmal als unabhängige Wohneinheiten zu nutzen.

UNTEN: Panoramaplattform zum Wohnen: Am Dorfrand von Alberschwende gelegen, profitiert das Haus von seiner Lage am Hang – mit Blick auf die Vorarlberger Wiesen und Hügel.

ANHANG
Architektenverzeichnis und Bildnachweis

AMUNT ARCHITEKTEN
MARTENSON UND NAGEL THEISSEN
www.amunt.info

Björn Martenson, Architekt BDA
Schervierstraße 66
52066 Aachen

Sonja Nagel, Dipl.-Ing. Architektur & Design
Jan Theissen, Dipl.-Ing. Architektur & Design
Wilhelmstraße 3
70372 Stuttgart

Umbau und Sanierung eines Siedlungshauses in Aachen (S. 54)
Fotos: Filip Dujardin, Gent (Belgien)
Porträt: Sandra Schuck, Berlin

BAURMANN.DÜRR ARCHITEKTEN
Freie Architekten BDA dwb
Hirschstraße 120
76137 Karlsruhe
www.bdarchitekten.eu

Umbau und Sanierung eines 1960er-Jahre-Hauses in Karlsruhe (S. 60)
Projektteam: Henning Baurmann, Heike Tergan
Fotos: Johannes Kottjé
Porträt und Foto S. 66: Archiv Architekten

BIEHLER WEITH ASSOCIATED
Rheingasse 16
78462 Konstanz
www.biehler-weith.de

Villa am Bodensee (S. 68)
Fotos: Brigida Gonzalez
Porträt: Fotografie Wolfgang Scheide

BOTTEGA + EHRHARDT ARCHITEKTEN
Senefelderstraße 77 a
70176 Stuttgart
www.be-arch.com

Haus K2 in Stuttgart (S. 32)
Projektleitung: Anja Richter
Tragwerksplanung: Knippers Helbig, Stuttgart
Fotos und Porträt: David Franck, Ostfildern

BUB ARCHITEKTEN BDA
Ansorgestraße 21
22605 Hamburg
www.bub-architekten.de

Sanierung eines Fachhallenhauses in Hamburg (S. 76)
Statik: Karl Ernst Bürkner
Fotos und Porträt: Archiv Architekten,
außer S. 78: Cor Polstermöbel

CARAMEL ARCHITEKTEN
katherl. haller. aspetsberger
Schottenfeldgasse 72/2/3
1070 Wien
Österreich
www.caramel.at

Familiendomizil in Wien (S. 82)
Mitarbeit: Kolja Janiszewski
Fotos mit Kindern: Gai Jeger, Wien
Fotos ohne Kinder: Hertha Hurnaus, Wien
Porträt: Larry Williams

CLARKE UND KUHN FREIE ARCHITEKTEN
Schlesische Straße 29/30
10997 Berlin
www.clarkeundkuhn.de

Niedrigenergiehaus in Berlin-Steglitz (S. 90)
Mitarbeit: Lisa Manns
Fotos: S. 91u., 92u. (beide) Jens Gyarmaty; S. 91o. Frank Korte; S. 92o., 93, 94 Tomek Kwiatosz
Porträt: Archiv Architekten

GEORG DÖRING ARCHITEKTEN BDA
Benzenbergstraße 43
40219 Düsseldorf
www.doering-architekten.de

Familiendomizil in Düsseldorf (S. 96)
Landschaftsarchitektur: Burkhard Damm
Fotos: Michael Reisch, Ansgar van Treeck
Porträt: Yun Lee

F64 ARCHITEKTEN
Füssener Straße 64
87437 Kempten
www.f64-architekten.de

Haus L15 in Kempten (S. 40)
Projektleitung: Stephan Walter
Fotos: Rainer Retzlaff, Niedersonthofen, www.photographie-retzlaff.de
Porträt: Martina Diemand, Kempten

HALLER PLATTNER ARCHITEKTEN
Jürgen Haller
Tempel 72
6881 Mellau
Österreich
www.juergenhaller.at

Peter Plattner
Museumstraße 14
39100 Bozen
Italien
www.peterplattner.it

Holzschindelhaus in Mellau/Bregenzerwald (Österreich) (S. 102)
Projektmitarbeiter: Sebastian Haller, Alexander Jäger
Fotos: Albrecht Imanuel Schnabel, Götzis (A), www.albrecht-schnabel.com
Porträt: Archiv Architekten

HARTER + KANZLER
FREIE ARCHITEKTEN BDA
Gretherstraße 8
79098 Freiburg
www.harter-kanzler.de

Einfamilienhaus im Schwarzwald (S. 110)
Fotos: Olaf Herzog, www.olafherzog.de
Porträt: Archiv Architekten

LAURA JAHNKE ARCHITEKTEN
Iland 33
22395 Hamburg
www.laurajahnke.net

Satteldachhaus in Hamburg-Duvenstedt (S. 116)
Projektbeteiligte: Julia Wendeler, Jutta Franz
Fotos: Hagen Stier Architektur & Fotografie
Porträt: Archiv Architekten

K_M ARCHITEKTUR
Daniel Sauter
Glockengieße 2
6900 Bregenz
Österreich
www.k-m-architektur.com

Familiendomizil in Langenargen/Bodensee (S. 120)
Mitarbeit: Markus Willmann
Fotos und Porträt: k_m architektur, Bregenz

MAHLKNECHT COMPLOI ARCHITEKTEN
Igor Comploi, Thomas Mahlknecht
Vittorio Veneto Straße 69
39042 Brixen
Italien
www.mahlknecht-comploi.com

Haus D im Grödnertal/Südtirol (Italien) (S. 128)
Statik: Simon Neulichedl

Lichtplanung: Manfred Draxl, Conceptlicht
Fotos: Egon Dejori
Porträt: Archiv Architekten

MARTE.MARTE ARCHITEKTEN
Totengasse 18
6833 Weiler
Österreich
www.marte-marte.com

Erweiterung eines Einfamilienhauses in Dafins/ Vorarlberg (Österreich) (S. 14)
In Zusammenarbeit mit Herman Metall Kreativ, Satteins (Österreich)
Fotos: S. 16, 19, 20, 22 Archiv Architekten, S. 15, 17, 18, 21 Anne Gabriel-Jürgens
Porträt: Zumtobel Licht GmbH, Markus Deutschmann

FLORIAN NAGLER ARCHITEKTEN
Theodor-Storm-Straße 16
81245 München
www.nagler-architekten.de

Um- und Anbau in Langenargen/Bodensee (S. 136)
Fotos: Stefan Müller-Naumann, München
Fotos mit Kindern und Foto Bestand: Gordian Kley, Langenargen
Porträt: Archiv Architekten

PASEL.KÜNZEL ARCHITECTS
Josephstraat 160–162
3014 TX Rotterdam
Niederlande
www.paselkuenzel.com

Familiendomizil in Leiden (Niederlande)
Projektleitung: Ralf Pasel, Frederik Künzel
Mitarbeit: Franziska Sack, Henny Vollmuller, Lucie Pasel
Fotos: Marcel van der Burg
Porträt: Archiv Architekten

SEIDL KERN ARCHITEKTEN
Hauptstraße 2b
85777 Fahrenzhausen
www.seidlkern.de

Hofhaus in Fahrenzhausen bei München (S. 24)
Fotos und Porträt: Archiv Architekten

WACKER ZEIGER ARCHITEKTEN GMBH
Gaußstraße 60
22765 Hamburg
www.wackerzeiger.de

Holzhaus in Reinbek bei Hamburg (S. 144)
Bauleitung: Wacker Zeiger Architekten, Nora Schmidt
Tragwerksplanung: Cornelius Back, Lübeck
Fotos: Johannes Hünig, Hamburg
Porträt: Archiv Architekten

HELENA WEBER, ARCH. DI
Radetzkystraße 12
6850 Dornbirn
Österreich
www.helenaweber.at

Haus HF in Alberschwende/Bregenzerwald (Österreich) (S. 152)
Fotos: Pablo F. Diaz-Fierros, Sevilla (Spanien)
Porträt: elbs.com

S. 10 Johann Winstel, S. 11l. Lucia Schwemer, S. 11r. Julian Kirchhof

Die Pläne stammen von den jeweiligen Architekten.

IMPRESSUM

Das für dieses Buch verwendete FSC-zertifizierte Papier
Profisilk liefert IGEPA.

Dieses Buch ist in Zusammenarbeit mit dem internationalen
Architekturmagazin HÄUSER entstanden und bildet die
Ergebnisse des HÄUSER-Award 2013 ab.
HÄUSER ist ein geschütztes Kennzeichen der Gruner+Jahr
AG & Co KG. Alle Rechte vorbehalten.

1. Auflage
Copyright © 2013 Deutsche Verlags-Anstalt, München,
in der Verlagsgruppe Random House GmbH
Alle Rechte vorbehalten
Grafische Gestaltung und Herstellung: Susanne Hermann/DVA
Lithografie: Helio Repro, München
Druck und Bindung: Offizin Andersen Nexö Leipzig
Printed in Germany
ISBN 978-3-421-03894-4

www.dva.de